课堂教学模式探索
基于新高考背景下高中数学

夏启明◎著

光明日报出版社

图书在版编目（CIP）数据

课堂教学模式探索：基于新高考背景下高中数学/
夏启明著. --北京：光明日报出版社，2024.8.
ISBN 978-7-5194-8257-2

Ⅰ.G633.602

中国国家版本馆 CIP 数据核字第 20241VU714 号

课堂教学模式探索：基于新高考背景下高中数学
KETANG JIAOXUE MOSHI TANSUO：JIYU XINGAOKAO BEIJING XIA
GAOZHONG SHUXUE

著　　者：夏启明

责任编辑：郭玫君　　　　　　　　　责任校对：房　蓉　李海慧
封面设计：中联华文　　　　　　　　责任印制：曹　净

出版发行：光明日报出版社
地　　址：北京市西城区永安路 106 号，100050
电　　话：010-63169890（咨询），010-63131930（邮购）
传　　真：010-63131930
网　　址：http://book.gmw.cn
E – mail：gmrbcbs@ gmw.cn
法律顾问：北京市兰台律师事务所龚柳方律师
印　　刷：三河市华东印刷有限公司
装　　订：三河市华东印刷有限公司
本书如有破损、缺页、装订错误，请与本社联系调换，电话：010-63131930
开　　本：170mm×240mm
字　　数：178 千字　　　　　　　　印　　张：13
版　　次：2025 年 1 月第 1 版　　　　印　　次：2025 年 1 月第 1 次印刷
书　　号：ISBN 978-7-5194-8257-2
定　　价：85.00 元

版权所有　　翻印必究

前　言

在当今的教育背景下，新高考制度的推行对高中数学课堂教学提出了新的挑战。为了适应这一变革，我们有必要对高中数学课堂教学模式与方法进行深入研究。本书旨在为教育工作者和教育研究者提供有益的参考，帮助他们更好地应对新高考背景下的教学挑战。

在新高考背景下，高中数学课堂教学模式与方法的研究尤为重要。新高考制度强调对学生综合能力的考查，要求教师在教学过程中注重培养学生的思维能力、创新能力、实践能力等多方面能力。因此，传统的教学模式与方法已经难以满足新高考的要求，我们需要探索更加有效的教学模式与方法。

本书首先分析了新高考制度对高中数学教学的要求，其次探讨了当前高中数学课堂教学存在的问题。在此基础上，本书提出了在不同背景下新高考要求的数学课堂教学模式与方法，包括情境创设、问题解决、合作学习等方面。这些方法旨在激发学生的学习兴趣，提高他们的学习效率，培养他们的综合素质。

为了使本书更具实用性和可操作性，我们结合具体案例对所提出的教学模式与方法进行了详细阐述。这些案例来自一线教师的教学实践，具有很强的针对性和指导意义。通过这些案例的分析，读者可以更好地理解所提出的教学模式与方法，并将其应用到自己的教学实践中。

为了提升本书的学术性与严谨性，在撰写过程中，笔者参阅了大量的文献资料，引用了诸多专家学者的研究成果，因篇幅有限，不能一一列举，在此一并表示最诚挚的感谢。由于时间仓促，加之笔者水平有限，本书难免有不足的地方，希望各位读者不吝赐教，提出宝贵的意见，以便笔者在今后的学习中加以改进。

目 录
CONTENTS

第一章 高中数学教学模式简述 ··· 1
  第一节 高中数学教学特点 ··· 1
  第二节 我国高中数学课堂教学模式 ····································· 6
  第三节 高中数学课堂教育模式改革的重要性 ····························· 16

第二章 "互联网+教育"背景下高中数学教学模式探索 ················· 19
  第一节 大数据的产生背景及应用 ······································· 19
  第二节 信息化背景下高中数学的整合 ··································· 27
  第三节 大数据背景下高中数学教师素养的提升 ··························· 32
  第四节 基于大数据的高中数学学习环境构建 ····························· 49
  第五节 大数据背景下高中数学有效教学研究 ····························· 53

第三章 翻转课堂下的高中数学教学模式探索 ························· 65
  第一节 翻转课堂产生的背景及理论 ····································· 65
  第二节 翻转课堂教学的研究及理论 ····································· 70
  第三节 翻转课堂有效教学设计 ··· 81

第四章　学科核心素养下的高中数学教学模式探索 ……………… 84
第一节　核心素养及数学素养的基本概述 ……………………… 84
第二节　基于核心素养的导学案设计 …………………………… 104
第三节　高中生数学学科核心素养的培养 ……………………… 121

第五章　创新思维下的高中数学教学模式探索 ………………… 139
第一节　数学创新思维及培养途径 ……………………………… 139
第二节　创新思维下的数学教学目标 …………………………… 165
第三节　创新思维下的数学教学方法创新 ……………………… 179
第四节　创新思维下的数学解题教学探究 ……………………… 186

参考文献 ……………………………………………………………… 198

第一章

高中数学教学模式简述

第一节 高中数学教学特点

一、高中数学的学科特点

高中是培养青少年成才的重要阶段，21世纪对人才的需求更侧重对学生理论素养以及逻辑思维能力的培养，而课堂教学是培养人才的主要途径，因此在快速发展的当今社会，若要培养高素质的优秀人才，就必须突出新课堂教学的特点。高中数学课堂就是其中的重点之一。在高中数学课堂上，强大的知识容量容易使学生产生烦躁感，从而降低学生课堂学习的积极性。为加强高中生对数学课的学习兴趣，提高高中数学课堂教学效率、打造高效特色数学课堂、按照新一轮教学改革要求完善创新高中数学课堂有效教学策略成为高中数学教学的当务之急。培养学生思维品质，代替原有的强化练习题训练，这大大地提高了对学生智力、能力的要求。从高中数学这门学科的整体情况来看，其主要包括如下四方面的学科特点。

（一）教学内容庞杂，知识量扩大

高中数学涉及很多的知识点，且知识点较为庞杂，进而导致教师在数学教学工作中难以抓住重点，影响学生数学学习的效果，并对学生的长远学习非常不利。

高中的数学教材经过几次改进，内容变得更加复杂，增大了每个知识点之间的跨度。教师每节课所讲的内容比初中多，但是因为高中的知识点比初中多，教师的讲解跟初中比起来不是很详细，这对学生自学能力也是一个考验。

（二）教学知识难度大，学生理解得不充分

小学和初中的知识不但量少，而且简单。高中的数学量大且抽象，而且跳跃性强，它是由几块相对独立的知识拼合而成的（如集合、命题、不等式、函数的性质、指数函数和对数函数、指数方程和对数方程、三角函数、数列等），经常是一个知识点刚学得有点入门，马上又有新的知识点出现。因此，注意它们内部的小系统和各系统之间的联系成了学生学习时必须下功夫的着力点。高中数学这门学科属于难度较大的学科，很多知识点的难度非常大，加之部分学生在小学阶段及初中阶段没有打好数学基础，这些因素都会影响学生高中阶段的学习。

（三）教学任务重，课时有限

高中数学的教学课时有限，但是实际的教学内容较多，导致教学任务繁重，在课堂教学中常常出现教师赶进度的情况，进而影响学生课堂学习的效率。因此，在高中数学教学中，教师应该结合这门学科的实际特点，积极地寻找更加有效的教学方法，不断地提高高中数学教学的效率，实现学生学业的长远发展。

（四）抽象思维要求高，思维向理性层次跃迁

高中学生产生数学学习障碍的另一个原因是高中数学的思维方式与初中阶段大不相同。初中阶段，很多教师建立结构性解题模式，如解分式方程分几步、因式分解先看什么、再看什么等。因此，学生习惯使用这种机械的、便于操作的定式。高中数学在思维形式上发生了很大的变化，数学语言的抽

象化对学生思维能力提出了更高的要求。这种能力要求的突变使很多高一新生感到不适应，故而导致学生成绩下降。例如，初中学生都学习了"函数"的知识，高中学生在这个基础上又学习了"映射""对应"的知识，并且对图形知识的学习更加深入。这对学生的抽象思维要求更加严格，需要学生有很强的想象能力。

二、高中数学的教学特点

（一）教学内容更注重逻辑性

在高中数学的教学内容中，高中数学以基础打头阵，以函数为主线，把集合、函数和映射、一次函数、二次函数、指数函数与对数函数、幂函数、分数函数、简单不等式等内容组合到一起。这样就把这些基础性、工具性的内容放到了最前面，不仅有助于学生对数学语言的了解，还有助于学生数学思维的形成。高中数学的教学内容在重点引出了函数的概念后，又研究了几类基本初等函数的概念、图像及性质。这种以函数为主线实际上体现了高中数学中运用函数思想解决实际问题的策略，这样刻意的安排把高中数学放在了更高的位置，有利于学生数学思维的可持续发展。由此可见，新教材在内容的安排和问题的处理方面更合乎逻辑，更科学，更符合学生的认知规律。

（二）新课程标准对高中数学教学的要求

《普通高中数学课程标准》明确指出，新一轮的课程改革，要改善教与学的方式。教师要创设适当的问题情境，让学生主动学习，自主发现数学的规律和问题解决的途径，使他们经历知识形成的过程。此外，学生通过自主探究、合作交流，将实际问题抽象成数学模型，并对此进行解释和应用。新课程改革最大的特点就是充分体现了新标准提出的新概念，更加强调内容新颖、自主探究、联系实际、活学活用，这些所有的概念都旨在培养学生的发散思维和创新意识。因此，在教学中，我们也应当紧跟新标准，科学地调整自身的教学方法，来贴合这一教学标准与教学目的。

（三）让学生学习"有用的数学"的教学思想

新教材在保证基础知识教学、基本方法形成、基本能力培养和基本活动经验的前提下，删减了一些次要的、用处不大的并且学生接受起来有一定困难的内容，如指数方程、对数方程，而幂函数大大降低了难度。从这一变化可以看出，新教材考虑了知识的主次，考虑了在不影响学生认知发展的基础上，尽量减轻学生的学习负担。同时，我们可以看到，新教材加大了应用数学的学习力度，增加了研究学习课题和实习作业的内容，在教给学生"有用的数学"上迈出了坚实的一步。

（四）高中数学教学内容中的图形意识

图形是高中数学的生命线，无论是高中代数、立体几何还是解析几何，其内容的构成都离不开图形，各种各样的数学图形是构题、解题必不可少的元素。很多时候，一个图形可以构成一道题目，一个准确的图形可以清晰地表达一道题目的答案，懂得看图、用图、画图是学生学好数学、培养思维能力的关键。

因此，在实际教学当中，教师要注重培养学生识图、用图、画图的意识和能力，并对每个学生的用图习惯加以指导，力争使每个学生都能清晰、准确地用图，通过培养学生的解图能力、构图能力，提升学生形象思维和逻辑思维的活跃度。此外，图的概念可以上升为形，在教学的过程中，不仅包括具体的形，还包括创造出的形，如数列的学习，我们可以通过构形的过程去学习，将数列的学习通过一个图、形的概念去传达，必将在视觉上刺激学生，从而提高学生的推理、分析能力，使学生更加高效地学习和吸收新的内容。

（五）重视概念的系统化、整体化、层次化

对一些数学概念的理解，不是一次就可以完成的，教师应该有计划地促使学生对其不断丰富和加深理解。教师可以通过单元复习或阶段复习的方式，使学生对所学数学概念系统化和整体化，采用的方法是类比启发式和归

纳启发式的方法。

例如，关于"垂直"概念的深化和系统化。两条相交直线垂直（两直线相交所组成的角为直角时，称它们互相垂直），两条异面直线垂直（如果两条异面直线所成的角是直角，则称这两条异面直线互相垂直），线与面垂直（如果一条直线与一个平面内的任意一条直线都垂直，就说这条直线垂直于这个平面），面与面垂直（两个平面相交，如果所成的二面角是直二面角，那么这两个平面互相垂直）。学生对"垂直"的概念形成一个完整的认知结构，还需要进一步认识空间的"线、面垂直""面、面垂直"，这都是在"线、线垂直"的基础上得以发展的。反之，这些在空间中的"垂直"又全都要转化为"线、线垂直"来进行表示。数学概念的系统是一种多层次的复杂的结构，因此教师想让学生理解和掌握数学概念，就应该让学生遵循由简单到复杂、由具体到抽象、由低级到高级的认识顺序。

（六）不能忽视师生情感交流

有些教师将预先设计好的或网上下载的课件输入电脑，然后不假思索地按程序将教学内容逐一展现，或片面追求使用多媒体课件的系统性和完整性，从组织教学到新课讲授，从巩固练习到课堂作业，每一个环节都有详细的与画面相配套的解说和分析。至于这些内容是否适合学生，是否具有针对性，他们则无暇顾及。其实在高中数学的教学中，教师重视师生感情交流是非常重要的，如果忽视教学中最重要的师生感情交流，那么让学生体验学习数学的价值就无从谈起，数学的教育性就大打折扣。

（七）要建立有效的教学方式，创设促进自主学习的问题情境

首先，教师要精心设计问题，鼓励学生质疑。其次，教师要使学生积极合作探讨、交流，并得出结论。当学生所得的结论不够全面时，教师可以把问题留下让学生课后再思考、讨论，下节课的时候教师将正确的结论公布给学生，这样有利于激发学生探索的兴趣，培养他们自主动脑、力求创新的能力。

（八）敦促学生培养良好的学习习惯

不同学习能力的学生有不同的学习方法，应尽量使用学习比较成功的同学的学习方法。改进学习方法是一个长期性系统的积累过程，一个人只有不断接受新知识，不断遭遇挫折产生疑问，不断总结，才能不断提高。不会总结的学生，他的能力就难以提高，从挫折中获得的经验是成功的基石，自然界"适者生存"的生物进化论便是最好的例证。学生学习要经常总结规律，目的是进一步发展。通过师生、生生交流，学生逐步总结出一般性的学习步骤，它包括制订计划、课前自学、专心上课、及时复习、独立作业、解决疑难、系统小结和课外学习几方面。我们简单概括为四个学习环节（预习、上课、整理、作业）和一个学习步骤（复习总结）。每一个学习环节都有较深刻的内容，具有较强的目的性、针对性，教师要落实到位。

第二节 我国高中数学课堂教学模式

一、高中数学课堂教学模式与存在的问题

众所周知，我国是一个应试教育的大国，数学成绩的提高尤为重要，这直接影响学生的高考成绩。随着我国教育改革的不断深入，许多传统的教学模式已不再适合当今社会。因此，为了给学生营造良好的学习氛围，许多学校开始逐渐改变应试教育的教学模式，尝试使用各种教学方法。学校要建立新的数学课堂模式，就必须对旧的高中数学课堂模式进行探讨，对存在的问题进行分析。

（一）高中数学课堂教育模式存在的问题

1. 初、高中教材间梯度过大

初中教材偏重实数集内的运算，缺少对概念的严格定义，或对概念的定

义不全，如函数的定义、三角函数的定义就是如此。初中数学对不少数学定理没有严格论证，或用公理形式给出而回避了证明，如不等式的许多性质就是这样处理的。教材坡度较缓，直观性强，对每一个概念都配备了足够的例题和习题。高一教材的第一章就是集合、函数等代数知识，紧接着就是幂函数的分类问题（在幂函数中，由于指数不同，具有不同的性质和图像），函数单调性的证明又是一个难点，立体几何对学生空间想象能力的要求高。教材概念多、符号多，定义严格、论证要求高，学生学起来难度大。此外，教材内容也多，每节课的容量远大于初中课的容量。这些都是高一学生数学成绩大幅度下降的客观原因。

2. 理念的更新仍未摆脱传统思想的禁锢

多年来，数学教育界一直在呼吁课程改革，然而现实的高中数学教学依然沿袭着过去的传统，教师是课堂的中心，教师讲课学生听课，教师提问学生回答，教师完全按照自己的意志向学生单向传授知识，学生缺少独立思考、自主探究、主动交流的机会。结果必然是教学质量低下，学生独立分析问题和解决问题的能力无明显提高。是什么原因使传统观念如此根深蒂固？我们经过分析，发现主要因素有三点。

（1）传统教学模式的惯性。千百年来，教师始终恪守"传道、授业、解惑"的教育信条。在学生和家长眼里，教师无所不能，无所不知。教师教什么，学生就学什么；教师怎么教，学生就怎么学。教师不给学生质疑和反驳的机会，完全按照自己的意志教育学生。特别是新中国成立初期，我国全面模仿苏联的教育模式，凯洛夫（Kaiipob）的教育过程"三中心论"（教师、教科书、课堂教学）和课堂教学"五环节说"（预备、复习旧知识、教授新课、巩固练习、布置作业）更加巩固了传统教学模式的地位，这些模式实施起来程序固定，简单易行，即时效果明显，被一般教师推崇。

（2）高考对教师非同一般的衡量功能。大多数教师在教学中形成了急功近利的浮躁心理。长期以来，许多教师一直认为学生学好数学并在高考中取得成功就是要多做题、多考试，此外别无他法，于是提早结束教学（三年的课程两年完成），拼命研究"考试大纲"，提前训练学生的应试技巧。这就意味着学生不需要过多地去理解数学概念，体验数学知识的形成过程，不需要去感悟数学本质性的思想和方法，教师也不需要煞费苦心地去提高自己的数学素养，只要选好复习资料，教会学生解题技巧，无休止地重复训练，就能"泡"出"理想"的教学成绩。然而，更新观念、创新教学方法，不可能如此简单。

（3）教师对新的教学方法心中无数。基础教育阶段，教师承担着繁重的脑力劳动。多数教师只满足完成日常的教学任务，潜心研究教育理论、认真揣摩新课程要求的人很少，能将教学理论用于教学实践中的教师更是微乎其微。在以教学成绩为主导因素的考核标准面前，教师心中自然有一杆秤：一端是传统的"经验型"的方法，有付出就有"成绩"回报；一端是新课程要求的"研究型"的方法，费力不一定讨好。孰轻孰重，答案不言而喻。

3. "面向全体学生"成了教师可望而不可即的教育理想

《数学教学大纲》指出："面向全体学生就是要促进每个学生的发展，既要为所有的学生打好共同的基础，也要注意发展学生的个性和特长。"[①] 学生学习自己所需要的数学，教师为每一个学生的学习需要提供充分的指导和帮助，这是新大纲对数学教学的最本质的要求。然而，事实绝非如此，"全班学生为少数尖子学生'陪学'，部分学生丧失了学习数学的兴趣，课堂上教师只与少数学生对话"[②]，这种现象司空见惯，造成这种状况的原因如下。

（1）教师的教学起点导致部分学生掉队。高中教育是基础教育的最后阶段。就数学学科而言，由于各种不同的因素，学生在数学知识、方法、能力以及数学经验、志趣上均存在差异。教师如果在起始年级就把要求定位在"瞄准高考"上，就会有相当一部分学生基础知识薄弱，能力不强，不能及

[①] 中华人民共和国教育部. 数学教学大纲 [M]. 北京：人民教育出版社，2002：24.
[②] 中华人民共和国教育部. 数学教学大纲 [M]. 北京：人民教育出版社，2002：2.

时得到教师的关心和指导,即使倾其全力也无法达到教师教学的目标,久而久之,他们对学习数学失去了信心,于是学生成绩两极分化愈加明显。

(2)教师的培养目标局限于因部分优秀生而造成学生成绩严重的两极分化方面。学生的升学要求和学校的评价导向促使教师不自觉地将主要目标和精力放在优秀生群体上。一方面,教师眼中始终在观察谁是考学有望的"优秀学生",一旦发现这样的"苗子",教师便会关怀备至,于是课上交流、提问,课下谈话,所准备的教学内容大部分适合"优秀生"。"优秀生"自然会产生优越感,他们得到了充分的营养,在知识和能力方面健康成长。另一方面,中等生和后进生在知识的掌握和情感的需求方面与"优秀生"之间形成了反差,长此以往,他们不仅在学习上失去信心,还在人格上受到较大的伤害,无形中被剥夺了受教育的权利。

(3)教师的教学方式无法做到面向全体。《数学教学大纲》明确指出:"教学过程是学生与教师相互交流、共同参与的过程。教学中要发扬民主,师生相互尊重,密切合作,共同探索,要鼓励学生质疑、探究,让学生感受和体验数学知识产生、发展和应用的过程。"[①] 而现实中,大部分教师依然采用传统的"满堂灌"教学方式。在这种方式下,教师备课从课本到教参,从教参到复习资料,很少考虑学生的认知水平和接受能力。在课堂上,教师按预先设计的教学程序,顺顺利利地讲清概念、定理和例题,然后让学生模仿例题做课堂练习,最后总结本节课的重点,布置作业,这成了教师所追求的最完美的课堂教学程序。在这个过程中,教师非常投入地展现自己渊博的知识和娴熟的教学技能,教师占有大部分的时间和主动权,而学生则完全处于被动状态,特别是后进生,他们没有机会向教师表达自己学习的困难,没有机会得到教师的关心和帮助,更没有机会去体验自己的成功。因此,他们的问题越积越多,他们渐渐对数学学习失去了信心。

(4)对学生进行思想品德教育还未得到数学教师的重视。《数学教学大

---

① 中华人民共和国教育部.数学教学大纲[M].北京:人民教育出版社,2002:4.

纲》指出:"结合数学教学内容和学生实际对学生进行思想品德教育,逐步树立实事求是、一丝不苟的科学精神,是数学教学的一项重要任务,要用辩证唯物主义的观点阐述教学内容,要通过数学教学,激发学生的民族自尊心和凝聚力,要使学生了解古今中外数学家的成就。"① 现实的数学教学又是一种什么情形呢?我们不否认,有很多具有数学素养和人文素养的优秀教师,在教学实践中做到了这一点,最起码也有这种明显的意图和趋向,但并不是所有的数学教师都具备这种素养。

众所周知,数学与哲学联系密切,数学思想的本质是哲学思想。数与形的结合体现了事物的普遍联系,化归思想体现了矛盾的转化思想,分类讨论体现了具体问题具体分析的思想,函数思想体现了矛盾的两方面相互制约和相互依赖的关系。另外,从特殊到一般、从简单到复杂、从具体到抽象等概念又是认识事物和解决问题的一般规律。在数学教学中,教师应以问题为载体,通过对问题的分析和解决,及时提炼出数学思想,总结出一般规律。学生学习和掌握的应该是这种思想和规律,而不只是孤零零的问题和解题思路。在实际教学中,教师就题论题的现象突出,阐述一般规律、抽象其辩证关系的教师少。导致这样的结果,是因为学生只见树木,不见森林。类型相近、本质相同的问题,教师讲解一个,学生会一个,教师不讲解,学生就不会。

此外,爱国主义教育和理想情感教育是数学教育内容的重要组成部分。在实际教学中,教师重教书、轻育人,重学生智力因素的培养、忽视非智力因素开发的现象十分普遍。近现代,我国在世界上著名的数学家有很多,华罗庚、陈景润、苏步青等均为重量级人物。他们的民族自尊心、科学态度和坚韧不拔的意志是我们国家宝贵的精神财富,通过介绍他们的伟大成就和奋斗经历,弘扬我国数学文化,培养学生的爱国主义情怀,使学生具有远大的理想和抱负,这理应成为每一个数学教育工作者的职责。然而,在实际教学

---

① 中华人民共和国教育部.数学教学大纲[M].北京:人民教育出版社,2002:2-3.

中，教师很少提及这些数学家，更不会涉及国外的数学家及其成就，这就无法使学生从数学家身上汲取思维和精神方面的营养。

（5）教学评价——新课程难以走出的桎梏。《数学教学大纲》指出："评价的目的在于了解学生的学习进程和学习能力，评价的内容必须多元化，评价的手段和方法必须多样化，评价的过程应有利于学生树立学好数学的信心。"[1] 与要求相比，现实的评价又是怎样的呢？评价的目的在于给学生排队，评价的内容就是一张试卷，评价的手段就是考试，评价只重结果而不关心过程，这就是现实的评价。

不可否认，在目前把考试作为甄别和选拔的唯一参考手段的大环境中，用一张试卷去衡量学生学习水平的高低，这可以接受，政府和社会是这样评价学校的，学校和家长是这样评价教师的，自然，教师也只能这样评价学生。家庭的利益、学校的利益、教师的利益均通过这张试卷去体现。这种用"一把尺子量"的方式会产生哪些弊端呢？一方面，部分学生虽然考试成绩不理想，但他们在学习过程中展现的，如学习兴趣、态度、习惯、方法、意志力等优势，并没有从成绩上完全体现出来，这种进步未能得到肯定和鼓励，使这部分学生对自己的学习进程没有一个客观而准确的判断。另一方面，唯成绩论评价，使很多学生价值观念扭曲。个别成绩好的学生因此而盛气凌人、恃才傲物，不注重思想品德修养。成绩差的学生因此心理负担加重，丧失信心、自暴自弃，甚至影响自己的人格形成。这种评价，对学生的学习进步和完善人格的形成均没有丝毫的推动作用。

（6）许多教师的教学方法存在较大的问题。为了学生能获得较高的分数，许多教师会想尽一切办法为学生提供最全面的"服务"。例如，一个问题给学生详尽的答案，而不注重学生自身的思考；在课堂上，教师很少让学生发表自己的见解，就算有也只是蜻蜓点水般一带而过；有些教师布置大量的习题要学生完成，完全重数量不重质量，沉重的作业使学生更加厌恶数

---

[1] 中华人民共和国教育部. 数学教学大纲 [M]. 北京：人民教育出版社，2002：6-7.

学，还出现了为应付作业，抄作业的现象。

(二) 学生学习方面存在的问题

1. 学生的学习方法不适应高中数学学习

首先，学生仍然处于被动的学习状态中。许多学生进入高中后，还像初中那样，有很强的依赖心理，跟随教师惯性运转，没有掌握学习的主动权。他们不制订计划，坐等上课，课前没有预习，上课忙于记笔记，没听到"门道"，没有真正理解所学内容。其次，学生学不得法。教师上课一般都要讲清知识的来龙去脉，剖析概念的内涵，分析重点、难点，突出思想方法。一部分学生上课没能专心听课，对要点没听到或听不全，笔记记了一大本，问题也有一大堆，课后又不能及时巩固、总结、寻找知识间的联系，只是赶着做作业，乱套题型，对概念、法则、公式、定理一知半解，机械模仿，死记硬背。有的同学晚上加班加点，白天无精打采，或是上课根本不听，自己另搞一套学习方法，结果事倍功半，收效甚微。最后，学生在学习过程中不重视基础。高中学生仅仅想学是不够的，还必须"会学"，要讲究科学的学习方法，提高学习效率，才能变被动为主动。

2. 学生对数学有恐惧之心

由于各种原因，许多学生对数学都有恐惧心理，对数学科目存在较大的偏见。许多学生认为数学非常难、非常抽象，常常令自己丈二和尚摸不着头脑；还有些学生认为数学是枯燥乏味的，对学习数学缺乏信心。无独有偶，一些学生因为一直学不好数学，考试成绩不理想，又屡次被教师、家长批评，所以他们面对数学一直有一种挫败感。学生存在各种经历和不同心理，导致他们看见数学就害怕，更别提去学习和钻研数学了。

3. 学生缺乏自主学习的精神

应试教育的课堂通常都是以教师在讲台上讲，学生在座位上听并做相应的笔记的模式为主。这种模式使学生过分依赖教师，希望教师能够将题目的难点和重点画出来，同时也期望教师能给自己提供详尽的解题步骤和方法,而自己就把教师的方法生搬硬套到每一个题目的解题过程中,导致学生缺乏自主解题的能力和严密推理的思维。

4. 学生与教师沟通不够

一些教师除了上课的 45 分钟,其他时间基本上很少主动与学生交流,所以在学生学习出现问题的时候,教师很难站在学生的角度去思考问题,仅从自己的角度出发,为学生讲解所遇到的难题,使学生的问题不能很好解决。其实,很多学生都非常想把数学学好,但苦于找不到适合自己的学习方法,他们从而渐渐地失去了学习数学的动力。可见,教师多与学生交流,多鼓励学生,一定程度上会帮助学生更好地学习数学。

5. 学生创新意识和能力的培养被死记硬背、机械训练代替

《数学教学大纲》指出:"培养学生的创新意识和实践能力要成为数学教学的一个重要目的和一条基本原则。要启发学生发现问题和提出问题,善于独立思考,使数学学习成为再创造、再发现的过程。"[1] 现实中的数学教学重结论、轻过程的现象十分突出。为让学生争取更多的时间去做练习题,教师往往缩减甚至省略讲解数学概念的形成过程。缺少了过程,学生无法积极思考,无法合作探究,无法体验成功与失败,创新又从何谈起?例如,学生学习二项式定理内容,在求 $(x+2y+z)^4$ 的展开式中含有 xy^2z 项的系数时,本来利用教材上归纳二项展开式过程中的思想——多项式乘以多项式的法则,便能很简捷地求出,即由 $(x+2y+z)^4 = (x+2y+z)(x+2y+z)(x+2y+z)(x+2y+z)$,要得到含有的项,只要从 4 个因子中的一个因子取 x,另外三个因子中其中两个因子中都取 y,最后一个因子取 z 即可,很多教师硬是机械地套公式,把 $(x+2y+z)^4$ 做两次二项式展开,结果增加了过程的繁琐性,降低了思维的灵活性。

《数学教学大纲》同时指出:"在数学教学中,要增强用数学的意识。一方面,应使学生通过背景材料,进行观察、比较、分析、综合、抽象和推

---

[1] 中华人民共和国教育部. 数学教学大纲 [M]. 北京:人民教育出版社,2002:5.

理，得出数学概念和规律；另一方面，要使学生接触自然，了解社会，能用数学知识和思维方法解决简单的实际问题，提高数学建模能力。"① 在现实的数学教学中，教师或许能为学生提供丰富的背景材料，但出于教学活动的思维定式和在计划时间内完成自己的预设教学任务，教师不会轻易地把"探索问题背景中的数学知识，建立恰当的数学模型，求解数学模型得出问题结论"的机会交给学生，而是以惊人的思维速度和"非常贴切"的数学术语让学生的数学概念迅速形成。这种教学策略，使学生形成了对应用问题的"恐惧症"。学生在测验中经常发现这样的现象：一个难度一般的数学应用题，很多学生都望而却步，甚至放弃解题。其中不乏教师在数学应用问题上对学生引导力度不够和教学方法不当的原因。至于学生的数学实践能力——通过接触自然、了解社会，培养学生发现问题和解决问题的能力，这些就更是纸上谈兵了。

二、高中数学课堂模式存在问题的解决方法

（一）为学生营造良好的学习环境

良好的学习环境对每一个学生来说都是至关重要的。学生可以自由地表达自己的想法，而教师只需要在旁鼓励并对学生做正确的引导。同时，教师还可以让学生自由组建数学学习兴趣小组，在课堂外，教师不在的时候，他们也能相互讨论来解决问题。这样一来，学生学习数学的热情和自信增加了，而且学生学会认真思考、钻研问题，找到适合自己的学习方法。

（二）使用合适的教材

高中生课业繁重，因此对他们使用的教材就要尽可能内容丰富，知识面较宽，难度较低，有利于引导学生思考。北京师范大学出版社出版的数学教材就很好地体现了这一点，它在原有知识的基础上，根据学校的教学条件和

---

① 中华人民共和国教育部. 数学教学大纲 [M]. 北京：人民教育出版社，2002：5.

学生的实际情况等把知识难度进行了适当的增加，有些地方降低了知识难度，使其能够更好地适用每一个学生。同时，学生学习起来也更加轻松，使学生对学习富有热情和充满自信。

（三）研究学科特点，寻找最佳学习方法

数学学科担负着培养学生运算能力、逻辑思维能力、空间想象能力，以及运用所学知识分析问题、解决问题的能力的重任。它的特点是具有高度的抽象性、逻辑性和广泛的适用性，对学生学习能力要求较高。学习数学一定要讲究"活"，只看书不做题不行，埋头做题不总结积累也不行，对课本知识既要能钻进去，又要能跳出来，结合自身特点，寻找最佳学习方法。数学家华罗庚倡导的"由薄到厚"和"由厚到薄"的学习过程就是这个道理。方法因人而异，但学习的"四个环节"（预习、上课、整理、作业）和"一个步骤"（复习总结）是少不了的。

（四）加强研修和培训，提高教师综合素质

教师在学生的整个学习过程中都起到了至关重要的作用，教师不仅是知识的传播者，还是学生的指路明灯，因此提高教师自身素质和能力迫在眉睫。教师在教育过程中，要不断接触先进的教学方式，从中借鉴和吸取他人先进的经验，并根据自己所在地区的特点"取其精华，去其糟粕"，同时，还要不断地研究和总结，最终形成自己独特的教学风格。

（五）全面坚持贯彻新课程改革

现实的高中数学教学与新课程改革的要求相比，差距是明显的，这不能说明课程改革的方向有偏差，恰好说明了课程改革工作的艰巨性、复杂性和长期性。深化教育改革，全面推进素质教育，是社会发展对教育工作提出的与时俱进的要求。要想达到这一要求，我们就必须对课程进行根本性的改革。当前，随着高中各科课程标准的颁布，新一轮课程改革的序幕已徐徐拉开。我们总结上一轮课程改革的经验和教训，认为应在以下几点问题上聚焦。

首先，进一步广泛地宣传，不仅使教育界内部人士支持改革，而且连同政府和社会各界的所有人士都要关注和支持基础教育的改革，使全社会形成合力，共同推动课程改革的进程。

其次，从上到下改革和完善考试评价制度，考试制度不改革，课程改革就无法从本质上进行。我们要逐步改革一张试卷定终身的选拔制度。学校要改革唯成绩评价学生的制度，要逐步建立包含知识与能力、过程与方法、情感态度与价值观三位一体的评价体系，使学生的学习过程成为全面发展的过程。

再次，逐步完善新课程的培训制度，要把科研机构培训、校本培训、学科培训有机地结合起来，扩大教师学习和研究新课程的空间。

最后，千方百计调动一线教师的积极性，让一线教师投入更大的热情去学习、研究和领会新课程的本质，特别要使一线教师通过学习提高自身学科素养和理论水平，从而有效地实施新课程，这是关系新课程实现从形式到内容全面而彻底改革的核心因素。

第三节 高中数学课堂教育模式改革的重要性

一、爱护学生，融洽师生情感

数学教师由于任教课时少，师生交流机会不多，他们很容易在学生心中形成古板、严厉的印象。学生如果感觉教师很可怕，就很难喜欢他的课。因此，数学教师在平时要多找学生谈心，了解学生的思想动态，经常和学生一起参加集体活动，让学生对数学教师产生一种亲切感，这样学生才能喜欢这位教师，进而喜欢数学这门课程。特别是班里一些后进生，教师对他们的态度，尤其不能动辄训斥，应该循循善诱，特别注意保护他们的自尊心。教师要经常运用表扬、奖励的手段鼓励学生，特别是那些基础较差、成绩落后的学生，他们只要有进步，哪怕是微小的进步，教师也要及时表扬，这样才能使他们从怕上数学课直至爱上数学课，对数学这门课程产生浓厚的学习兴趣。

二、挖掘新教材本身的魅力和课堂教学的艺术魅力，激发学生的情感，激活学生的思维

在新课程改革中，数学教材相对以前有所改变。教师上课不能按部就班。例如，数学必修2"三视图"这一节课，教学内容很贴近生活。教师在课前准备一些棱锥、棱柱、圆锥、圆台等模型，发给学生，让学生在同桌之间一起拼凑这些模型，它们能形成哪些新的几何体。学生们兴奋起来，他们忙着拼凑，很多学生都拼出了许多不同的新几何体。当教师要求他们把新模型画出来时，他们感觉有难度了。这怎么办呢？教师此时告诉他们三视图，根据新几何体的拼凑情况将三视图画出。学生以后在画三视图时就有了一定的思维。学生多动手、动脑，教师在必要时进行指导，既激发了学生的情感，又激活了学生的思维。

三、将数学与生活实际联系起来，培养学生用数学思想看待问题的能力

数学问题既来源生活，又应用于生活中。新课程改革数学教材十分强调数学与现实生活的联系，选材密切联系学生生活实际。这要求我们数学教师在教学时必须从学生熟悉的生活情境和感兴趣的事物出发，为他们提供观察和操作的机会，使他们有更多的机会从周围熟悉的事物中学习数学和理解数学，体会到数学就在身边，感受到数学的趣味和作用，体验到数学的魅力。不少学生反映，集合、函数等概念难以理解，觉得离生活很远，在新课程教材中就注重了数学与生活实际的联系。教师应在教材例子的基础上多举实

例，让数学在生活中得到更好的体现。

四、展开争论，激发创新能力

苏霍姆林斯基（Suchomlinsky）要求教师"课要上得有趣"，这样能激发学生的"情绪区"，并要求学生学习知识要有所发现，使学生在发现和顿悟中感受学习的乐趣，产生良好的学习情感。这一观点对新课程教学具有很强的针对性和指导意义。学生的求知兴趣是新课程教学中必不可少的情绪氛围，推行新课程教学就是不断拓宽学生的思想领域，学生必须以更宽松的情感区间为心理条件。有经验的教师都懂得，在沉闷的课堂上，学生的表现只会是"情绪低落""一筹莫展"。我们在激发学生创新学习的情绪方面，不能墨守成规，而是营造生动活泼的课堂氛围，抓住学生喜欢争论的心理特点，通过争论有效地刺激学生兴奋点，一步步地把课堂气氛推向高潮，使学生"进入角色"，这无疑能收到较佳效果。学生对通过争论得到的结论会记忆犹新。

五、将信息技术与现代教育有效整合

信息技术的广泛应用正在对数学课程内容、数学教学、数学学习等方面产生深刻的影响。高中数学课程应提倡实现信息技术与课程内容的有机整合（如把算法融入数学课程的相关部分中），整合的基本原则是有利于学生认识数学的本质。高中数学课程应提倡利用信息技术突破以往教学中难以突破的课程内容，数学教师在保证笔算训练的前提下，尽可能使用科学型计算器、各种数学教育技术平台绘制软件，加强数学教学与信息技术的有效整合，鼓励学生运用计算机、计算器技术等进行探索和发现。根据我国的实际情况，有条件的地区，鼓励教师尽可能地使用信息技术作为教学手段，条件尚不具备的地方，也应让学生有所了解。

第二章

"互联网+教育"背景下高中数学教学模式探索

第一节 大数据的产生背景及应用

一、大数据的产生背景

我们不得不接受这个现实,即每个人从互联网进入大数据时代,每个人都将是透明的存在。各种数据正在迅速膨胀,决定社会未来的发展。人们现在可能并没有意识到数据爆炸性增长带来的机遇与挑战,但是随着时间的推移,人们将越来越多地意识到数据的重要性。

大数据时代对人类的数据驾驭能力提出了新的挑战,也为人们获得更加深刻、全面的洞察能力提供了前所未有的空间与潜力。正如《纽约时报》2012年2月的一篇专栏所称,大数据时代已经降临,在商业、经济及其他领域中,人们将基于数据和分析而做出各种决策,并非基于经验和直觉。在哈佛大学社会学教授加里金(Gary King)眼中,庞大的数据资源使各个领域开始了量化进程,无论学术界、商界还是政府,所有领域都将开始这种进程。

(一)大数据定义

大数据是指无法在一定时间范围内用常规软件工具进行捕捉、管理和处理的数据集合，是需要新处理模式才能具有更强的决策力、洞察发现力和流程优化能力的海量、高增长率和多样化的信息资产。

在维克托·迈尔-舍恩伯格（Viktor Mayer-Schönberger）和肯尼斯·库克耶（Kenneth Cukier）编写的《大数据时代》中，大数据指不用随机分析法（抽样调查）这样的捷径，而用所有数据进行分析处理。国际商业机器公司（International Business Machines Corporation，IBM）提出大数据的五大特点：大量（Volume）、高速（Velocity）、多样（Variety）、低价值密度（Value）、真实性（Veracity）。对大数据，研究机构高德纳（Gartner）给出了这样的定义，"大数据"需要新处理模式才能具有更强的决策力、洞察发现力和流程优化能力的海量、高增长率和多样化的信息资产。

麦肯锡全球研究所（Mckinsey Global Institute，MGI）给出的定义是，一种规模大到在获取、存储、管理、分析方面超出了传统数据库软件工具能力范围的数据集合，具有海量的数据规模、快速的数据流转、多样的数据类型和价值密度低四大特征。

大数据技术的战略意义不在于掌握庞大的数据信息，而在于把这些含有意义的数据进行专业化处理。换而言之，如果把大数据比作一种产业，那么这种产业实现盈利的关键，在于提高对数据的"加工能力"，大数据通过"加工"实现数据的"增值"。

从技术上看，大数据与云计算的关系就像一枚硬币的正反面一样密不可分。大数据无法用单台的计算机进行处理，必须采用分布式架构。它的特色是对海量数据进行分布式数据挖掘。它必须依托云计算的分布式处理、分布式数据库和云存储、虚拟化技术。

随着云时代的来临，大数据也吸引了越来越多人的关注。大数据通常被用来形容一个公司创造的大量非结构化数据和半结构化数据，这些数据被下载到关系型数据库中，人们分析时会花费很多的时间和金钱。大数据分析常和云计算联系到一起，因为实时的大型数据集分析需要像 Map Reduce（一种编程模型）一样的框架来向数十、数百甚至数千的电脑分配工作。

大数据需要特殊的技术，来有效地处理大量时间内的数据。适用于大数据的技术包括大规模并行处理（Massively Parallel Processing，MPP）数据库、数据挖掘、分布式文件系统、分布式数据库、云计算平台、互联网和可扩展的存储系统。

最小的基本单位是 Bit，按顺序给出所有单位：Bit、Byte、KB、MB、GB、TB、PB、EB、ZB、YB、BB、NB、DB。

它们按照进率 1024（2 的十次方）来计算：

1Byte = 8Bit，

1KB = 1024Bytes = 8192Bit，

1MB = 1024KB = 1048576Bytes，

1GB = 1024MB = 1048576KB，

1TB = 1024GB = 1048576MB，

1PB = 1024TB = 1048576GB，

1EB = 1024PB = 1048576TB，

1ZB = 1024EB = 1048576PB，

1YB = 1024ZB = 1048576EB，

1BB = 1024YB = 1048576ZB，

1NB = 1024BB = 1048576YB，

1DB = 1024NB = 1048576BB。

（二）大数据的四大特点

第一，海量性。例如，互联网数据中心（Internet Date Center，IDC）最近的报告预测称，到 2020 年，全球数据量将扩大 50 倍。目前，大数据的规模尚是一个不断变化的指标，单一数据集的规模范围从几十万亿字节（Trillionbyte，TB）到数千万亿字节（Petabyte，PB）不等。简而言之，存储 1 PB 数据将需要 2 万多台配备 50 GB 硬盘的个人电脑。此外，各种意想不到的来源都能产生数据。

第二，多样性。一个普遍观点认为，人们使用互联网搜索是形成数据多样性的主要原因，这一看法部分正确。然而，数据多样性的增加主要是由新型多结构数据，以及网络日志、社交媒体、互联网搜索、手机通话记录及传感器网络等数据类型造成的。其中，部分传感器被安装在火车、汽车和飞机上，每个传感器都增加了数据的多样性。

第三，高速性。高速描述的是数据被创建和移动的速度。在高速网络时代，基于实现软件性能优化的高速电脑处理器和服务器，创建实时数据流已成为流行趋势。人们不仅需要了解如何快速创建数据，还必须知道如何快速处理、分析并返回给用户，来满足他们的实时需求。IP 多媒体子系统（IP Multimedia Subsystem，IMS）研究关于数据创建速度的调查预测，到 2020 年全球将拥有 220 亿部互联网连接设备。

第四，易变性。大数据具有多层结构，这意味着大数据会呈现出多变的形式和类型。相比传统的业务数据，大数据存在不规则和模糊不清的特性，得到很难甚至无法使用传统的应用软件进行分析的结果。传统业务数据随时间演变已拥有标准的格式，能够被标准的商务智能软件识别。目前，人们面临的挑战是从各种形式呈现的复杂数据中挖掘价值。

（三）大数据三大特征

第一个特征是数据类型繁多。网络日志、音频、视频、图片、地理位置信息等多类型的数据，对数据的处理能力提出了更高的要求。

第二个特征是数据价值密度相对较低。随着物联网的广泛应用，信息感知无处不在，信息海量，但价值密度较低。如何通过强大的机器算法更迅速地完成数据的价值"提纯"，是大数据时代亟待解决的难题。

第三个特征是处理速度快，时效性要求高。这是大数据区分于传统数据挖掘最显著的特征。

（四）大数据主要分析技术

我们要想从急剧膨胀的数据资源中充分挖掘并分析有价值的信息，就需要把先进的分析技术作为支撑。从宏观角度来看，大数据分析技术的发展所面临的问题均包含三个主要特征：

①数据结构与种类多样化，并以非结构化和半结构化的数据为主；

②数据量庞大并且正以惊人的速度持续增长；

③必须具备及时、快速的分析能力。

这些特征使传统的数据分析技术很难满足要求，更加先进和优化的数据分析平台才是大数据时代更好的选择。目前，我们将主要通过分布式数据库或者分布式计算集群来对海量数据进行由浅入深的分析和分类汇总，来更加有效地应对大数据时代数据分析问题的三个主要特征以及满足大数据时代分析的基本要求。例如，为了满足实时分析的需求，我们通常使用 Qracle 系统的 "exadata 平台" 和指数移动平均值（Exponential Moving Average，EMC）。目前，分析处理大数据的应用的最广泛的核心技术是 Hadoop（Hadoop 是由 Apache 基金会所开发的一个基于 Java 的分布式数据分析和处理的软件基础架构，在这种架构下用户可以在不了解分布式底层细节的情况下开发分布式程序）。Hadoop 能够将数量庞大的数据集分解成规模较小的易访问的数据集并发送到多台服务器上进行分析。该架构主要由文件系统以及数据处理两部分功能模块组成，因而获得高效的分析速率。

二、大数据与高中数学的联系及应用

（一）基于大数据分析下的数学课堂教学策略

1. 更新教学思想，构建数据分析观念

更新高中数学教学思想，以此构建数据分析的概念。很多教师因为受传统的教学观念的影响，思维方式和教学方法都已经模式化了，并没有树立数据分析的教学观念。俗话说，物质决定意识，意识是物质的反映。教师的教学观念如果还没有及时更新，那么教学行为在这些思想的影响下还是不会出现根本性变化的。为解决这一难题，国家新课程改革中明确提出"数据分

析"这一概念。这一概念的提出，标志着在大数据的时代背景下我们的国家越来越重视数据分析在教学中的实际运用，各位教师应该牢牢把握数据分析的教学观念，在实际教学中，帮助学生构建数据分析的知识框架。高中数学教学中，教师的教学方法、教学模式难免会受教师自身教学观念的影响，因而数学教师必须先更新教学思想，逐步构建数据分析观念。在新课程标准中提出了"数据分析观念"一词，这词是由"统计观念"发展而来的。由此可见，随着大数据时代的来临，数据分析也日益受到人们的关注。因而，我们有必要在数学课堂教学中构建相应的背景，构建数据分析观念，使学生拥有数据分析的意识，并对数据分析予以重视。

2. 勇于探索，在数学教学中尝试分层教学

在现行的高中数学课堂教学中，一般采取班级统一上课的方式。这样的教学方式比较固定，缺乏新意，不利于培养和发展学生的个性，更不利于挖掘学生的潜能。我国古代教育家孔子提出的"因材施教"，就是要求教师根据每个学生的不同情况，对学生采取不同方式的教育。在高中数学课堂教学中，教师可以尝试对学生分层进行教学。一个班有众多的学生，学生与学生之间存在着个体、个性差异，教师对不同的学生进行不同方式的教学，能够促进有效教学。对个性化差异和个体化差异比较明显的学生，教师也可以尝试不同的教学方法，尝试全新的教学模式。对不同基础和不同背景下的学生，教师要正视其存在的个体差异，对他们进行分层次的教学，这样有利于促进学生更好地学习数学，也有利于充分挖掘学生的数学潜能。

3. 学会运用大数据分析来获取数据中有用的信息

高中数学教学中，教师应注意引导和帮助学生学会运用大数据分析来获取数据中有用的信息，充分调动学生学习数学的积极性和主动性。通过激发学生的学习兴趣，帮助学生提高他们的学习效率，这样既有助于促进学生全面发展，也有助于提升高中数学课堂教学的质量。举例来说，教师可以结合高中数学教材内容、大数据分析工具，制订教学计划。例如，在学习"空间

向量"这一章时，教师可以引导学生结合实际生活，充分发挥想象力，对空间向量进行思考。教师还可以引入与空间向量相关的内容，通过对相关数据的分析，帮助学生加深对知识的理解。同时，教师要带动学生主动思考，使学生积极参与课堂互动。此外，教师还应教学生学会获取数据中有用的信息。

教师利用大数据可以清晰地看出每道题学生的总体答题情况，通过对它的研究，可以了解学生掌握知识点的情况，从而改进教学，培优补差。教师可以在具体教学过程中，引导学生利用大数据对相关数据进行分析，然后从中获取有用的信息，来帮助学生解题。

4. 引入数据挖掘算法，提升数学运算能力

数学教师除了按照教学大纲的要求完成教学任务之外，还要注意在数学课堂中引入数据挖掘算法，注意提升学生的数学运算能力。一方面，数学教师要利用大数据分析工具密切关注学生对所学数学知识的掌握情况；另一方面，还要密切关注学生对数学运算能力的掌握，引导和帮助学生学会收集数据和使用数据，利用大数据中的数据挖掘算法，培养学生数学解题能力。对高中学生而言，数学运算能力是其必须掌握的，有良好的数学运算能力是学好数学的前提和基础，数学运算能力非常重要。举例来说，在高中数学的运算中，涉及函数、指数和向量等计算，这些计算相对而言又比较复杂，如果在计算过程中出现失误，将导致整个运算结果错误。这就要求学生具备较强的运算能力，在运算过程中保持认真和严谨的态度进行运算。在高中数学教学中，教师要教会学生运用不同的数学方法进行解题，让学生学会举一反三。

5. 学会分类，重视数学知识的积累

高中数学学科是一门具有较强的抽象性和逻辑性的学科，知识点也比较多，这就要求学生学会分类，对各类数学知识进行分门别类。这样既有助于加深学生对知识的理解，也有助于学生理清数学知识的脉络，促进学生更好

地进行下一阶段的数学学习。此外，数学教师还应重视学生数学知识的积累。高中数学知识具有较强的连贯性和衔接性，学生学习过程中如果出现知识点断层的问题，很容易影响下一阶段的数学知识学习，使前期所学的知识与后期将要学习的知识无法实现较好的衔接，影响学生的学习积极性，也会一定程度影响学生的整体成绩。因此，在高中数学教学过程中，教师要注意帮助学生做好相关知识点的复习和巩固，加深学生对前期所学知识的印象。例如，在初中的数学学习过程中，教师对十字相乘法已经不做要求了，同时对三次或三次以上多项式因式分解也不做要求了，但是到了高中教材中却多处要用到。另外，二次根式中对分子、分母有理化也是初中不做要求的内容，但是分子、分母有理化却是高中函数、不等式常用的解题技巧，特别是分子有理化在高中数学中应用更加广泛。所以，教师在教学过程中，应该多了解以前学生学过的知识，并进行一定的积累，为学生今后数学知识的学习奠定基础。此外，教师还要培养学生良好的数学学习习惯和增强学生数学知识积累意识，使学生在学习过程中，充分重视数学知识的积累，通过各种不同的方式促进对数学知识的理解，并且学会运用自己所学的数学方法来解决数学问题。通过这种方法，学生不断地巩固所学的数学知识，提升数学解题能力，提升整体数学素质。

6. 感知数字化的便利，学以致用，增强数学应用意识

大数据时代的来临，改变了人们以往的生活方式，改变了人们生活的方方面面，也在一定程度上改变了数学课堂教学。举例来说，大数据时代的来临改变了高中数学课堂教学的形式、方法等。教师可以通过大数据提供的数字化信息，运用多媒体设备进行备课以及给学生布置作业，还可以利用大数据分析班里每个同学的学习情况。数学学习过程中，学生在感受数字化带来的便利的同时，还要学会将所学的数学知识融会贯通、学以致用。当然，我们有一点必须强调，无论哪一学科，都有其自身的特性及作用。以高中数学学科为例，数学是一门科学性与综合性较强的学科，其作用之一就是培养人

的逻辑思维推算能力，而且数学还是一门与我们生活息息相关的学科。因此，在学习数学这门课程时，教师要扮演好向导的角色，注意培养学生的数学学习思维，要让学生学以致用，注重增强学生的数学应用意识。

第二节　信息化背景下高中数学的整合

一、信息化发展历程及新课程改革的要求

（一）信息化发展历程

21 世纪，随着计算机的普及和国际互联网的实现，以网络与多媒体技术为核心的信息技术已经走进人们日常生活的方方面面，人类社会进入信息时代。在信息社会中，信息素养已然成为每个人必须具备的一种基本素质。20 世纪 90 年代以来，教育领域在信息时代理念的激荡和冲刷下，经历了一场前所未有的变革。信息技术促进了教育思想、教育环境、教与学方式和师生角色等的变化。全球都把教育信息化当作推进教育改革的重要措施，并为此注入了大量资本，来促进和加快教育信息化的进程。我国于 2010 年 7 月全文发布的《国家中长期教育改革和发展规划纲要（2010—2020 年）》中详细解读和论述了加快教育信息化进程的内容，充分体现了我国对教育信息化的重视。2012 年 3 月，教育部颁布了《教育信息化十年发展规划（2011—2020 年）》，其清楚指出，2020 年要全面实现《国家中长期教育改革和发展规划纲要（2010—2020 年）》中指出的教育信息化的建设目标，并建成信息化体系。我国为了实现教育信息化的目标，在义务教育阶段和高中教育阶段普及了信息技术教育，而且强调必须加强信息技术和其他课程的整合。在社会时代背景下，信息技术与课程整合已成为完成我国教育信息化的重要途径，是我国 21 世纪教育改革的新方向。

(二) 新课程改革的要求

紧随全世界教学改革的步伐，我国也进行了新课程改革。新课程改革要求教育要以人为本，要培养学生具备实践能力与创新精神、终身学习能力和优良的信息素养。这和信息技术与课程整合要培育学生具备实践能力与创新精神、具备终身学习的能力、具备优良的信息素养的目标不谋而合。因此，整合已成为我国基础教育领域新课程改革的一项基本要求和关键内容。数学作为高中阶段的基础课程，与信息技术的整合在新课程改革中自然受到了特别关注。2003 年，教育部颁布的《普通高中数学课程标准（实验）》，不管是从课程改革的基本理念、内容标准，还是实施建议等方面都对信息技术进行了阐述，而且明确强调要加强和提倡高中数学课程与信息技术的有机整合。

二、信息化技术与高中数学的整合及理论

(一) 理论意义

伴随我国新课程改革的日益深化和教育信息化的持续进展，信息技术已经被普遍应用于高中数学课程的教学中，并且已成为帮助教师进行日常教学和帮助高中学生理解数学本质的强有力的工具和手段。

通过日常教学，笔者发现，近年来学界对课程整合方面的研究层出不穷，并且已取得了可观的研究成果。这些研究大多具有普适性，针对专门学科的较少，数学学科也不例外，而有关固原市信息技术与高中数学课程整合的研究则更是凤毛麟角。本节就对固原市信息技术与高中数学课程整合的现状进行调查与研究，从而掌握整合的现状和存在的问题，并提出促进有效整合的策略与建议，丰富有关固原市课程整合方面的研究。

(二) 实践意义

在高中数学教学中，教师有效使用信息技术，既能将抽象空洞的知识转

化为生动具体的知识，增加课堂的生动性，帮助学生理解数学中枯燥乏味的抽象知识，提升学生的学习兴趣，帮助学生降低学习难度，突破重、难点知识，从而理解数学本质，又可以帮助学生进行数学实验、数学探究，从而促进学生探究、实践和思维能力的提升。通过本次研究，我们可以准确把握固原市信息技术与高中数学课程的整合现状，并透过现象分析其存在的本质问题，提出促进有效整合的策略与建议。通过现状分析，我们可以为固原市新课程改革和教育信息化的进一步实施提供指引方向，以使信息技术在数学教学和学习中发挥更有效的作用。这些策略与建议对实际教育工作中有效实现有机整合有一定的启示作用，对学校的教育决策以及教师的教育理念和教学方式的革新有一定的激励作用，有利于实施素质教育，提升教学质量。

（三）信息技术与高中数学课程整合

我国至今对信息技术与高中数学课程整合还无确切的定义。笔者认为，信息技术与高中数学课程整合就是在先进理论的指导下，将信息技术有效融入高中数学的教学过程中，利用信息技术创造信息化的教与学的环境，形成新的教与学的方式，实现教学结构的变革，在教学中使教师能够发挥主导作用，并能够体现学生的主体地位，从而促进学生实践能力、创新精神和良好的信息素养的培养。

信息技术与高中数学课程的整合并非两者的简易重合，应是两者的双向整合，使它们有效融为一体，从而帮助学生理解和认识数学本质，提高教学效果和质量。它不同于计算机辅助教学（Computer Aided Instruction，CAI），不排斥传统的教学工具与手段在数学课堂上的使用。

信息技术与高中数学课程整合的实施必然伴随着教和学的过程，必定符合教与学的定律，因此整合必须依据教学理论和学习理论进行开展，这样才能实现整合效果的最优化。另外，整合的过程是由多种因素组成的一个系统的过程，因此整合的研究和开展必须以系统理论为基础。

1. 建构主义学习理论

20世纪90年代之后,建构主义学习理论成为当今盛行的学习理论之一,对教学产生的作用越来越大。它是学习理论继行为主义和认知主义以后的进一步发展,以皮亚杰(Jean Piaget)和维果茨基(Lev Vygotsky)等为重要代表。在他们的眼中,学生是学习的中心,是教育活动的参与者与构建者,教师在教育过程中则是辅助者、策划者、组织者、引导者和促进者。这正是新课程改革对课堂教学中师生角色的要求。它强调学生在学习中的自觉主动性,学习是主动地构建知识经验,而不是被迫地接受已有结论。它提倡学生自觉主动地发现和探索知识。另外,它还强调学习情境的重要性。信息技术的飞速发展为建构主义所需要的教与学的环境提供了技术支撑,利用多媒体和网络技术构建的新型教与学的环境有利于学生对数学知识建立有意义的建构,建构主义也可以为整合的实施提供理论指导。

2. 认知主义学习理论

认知主义学习理论以奥苏贝尔(David Pawl Ausubel)和布鲁纳(Jerome Seymour Bruner)为主要代表。认知主义认为,学习是学生自发的行为,是发展与形成认知结构的过程,环境只是提供外在的刺激。认知主义重视内部心理表征的形成和发展,强调独立思考、意义理解和认知在学习过程中的重要性。它强调学生已有的知识水平和认知结构是学生进一步学习的重要根基,教学要注重学生认知结构的形成。因此,在整合的实施过程中,教师不仅要充分运用信息技术来提供丰富的外部刺激,还要关注学生已有的知识水平及认知结构,并根据学生的个性特征选择不同的信息技术与教学模式实施整合。

3. 布鲁纳的"结构—发现"教学理论

布鲁纳的"结构—发现"教学理论强调,学习是学生主动认知的过程,教师应当积极地促进学生主动地形成认知结构。布鲁纳提倡发现教学法,并认为学习的目的是形成认知结构。与此对应,数学教学的目的就是促进学生对数学学科基本结构的认识与理解。他主张以螺旋式上升的形式呈现学科的基本结构，并提出学习情境和材料的结构性在实现学生的发现学习中具有重要意义。因此，在信息技术与数学课程整合的过程中，在教材编排方面，学校不仅要融入信息技术应用的有关内容，而且要注重合理呈现数学学科的基本结构，来促进学生形成良好的认知结构。在利用信息技术创设情境时，教师要使其符合学生的认知结构，以便学生的理解、记忆和自主发现。

4. "主导—主体"教学理论

"主导—主体"教学理论是我国实施课程整合的重要指导理论和主要依据。它是以北京师范大学何克抗教授为代表的一些我国学者在兼取建构主义的教与学理论与奥苏贝尔的教与学理论之长，避两者之短的基础上提出的一种新的教学理论。它强调学生的学习主体地位，教师在课程实施中只是起教学内容的选择、过程的组织、帮助和指导学生等作用。它重视在课程实施过程中，既要能够发挥教师的主导作用，又要能够展现学生的主体地位。它还强调协作学习的重要性，并提倡"学与教并重"的教学结构，实现由"以教师为中心"的教学结构向"学与教并重"的课堂教学结构的转变，既是我国新课程改革的目标，也是课程整合的目标。

5. 系统理论

系统理论指出，系统是由许多彼此关联又互相作用的要素构成的具备特定功能的有机的整体。它侧重整体分析。教学过程是由教师、学生、教学内容和媒体等组成的一个密切联系且庞大的系统，教学的效果则是在各个组成部分互相制约、彼此联系并互相作用下生成的。因此，教师在教学时要从整体考虑，对各组成部分进行控制，使教学获得最优化的效果。课程整合同样是一个系统工程，包括教师、学生、技术、教学内容与模式等多个组成部分，这些组成部分在整合中彼此关联、彼此制约、彼此作用。因此，我们必须依据系统论的基本原理和运用系统论的方法开展整合。

（四）学生对数学教师在课堂上使用信息技术教学的意见和建议

学生对数学教师在课堂上使用信息技术的意见和建议主要包括四方面。

第一，大部分学生建议在数学课堂上多用信息技术。他们认为使用信息技术方便、快捷、形象生动，不仅可以激发他们的学习兴趣，提高学习效率和质量，还可以促进他们对数学知识的理解，尤其是在函数图像及性质、立体几何、复杂的图形变换方面。另外，信息技术还可以更直观地展现数学模型。

第二，有一部分学生认为传统教学更高效，用PPT教学浪费时间，而且演示比较快，不方便记笔记，容易分散注意力，不利于教师与学生沟通，教师不易发现学生掌握不好的地方，没有板书留下的印象深刻，希望教师在利用信息技术进行教学时能加上详细的讲解，不要过分依赖信息技术。

第三，有的学生则认为信息技术的使用要恰当且适宜，信息技术要与传统教学结合起来，希望教师不要盲目使用信息技术，希望教师制作PPT要有亮点，不再只是把板书的内容填充进去，建议添加一些数学与生活的趣味故事。

第四，有的学生提议教师要用信息技术辅助学习，让学生自己操作从而增强他们的实践操作能力。

第三节　大数据背景下高中数学教师素养的提升

一、高中数学教师数据素养的理论概述

（一）相关概念的界定

1. 教育大数据

"互联网+教育"逐渐成为教育领域的新浪潮，数字化校园建设也随之兴起，使教育数据呈指数级增长，教育大数据成了教育领域中极为重要的新型驱动力，在教育理论与实践的研究中起着不可忽视的作用。教育大数据是大

数据中的一种,是整个教育历程中所形成的及按照教育需求搜集到的所有促进教育发展并有庞大隐含价值的数据集合。它广义是指所有与教育有关的数据集合,如在教学活动中形成的各种数据等,狭义专指与学习有关的数据。

教育大数据有三种形式,除了能直接被机器读取并识别的结构化数据(如测试成绩、排名情况和鼠标点击次数等)外,大多数是半结构和非结构的数据,如通过口头反馈或书面反馈提供的语义信息。

教育大数据包括四大类:一是课程数据,一般储存在学校的教务管理系统中,如课程内容数据资源、完成作业水平、平时测试成绩和期末考试成绩等;二是课堂数据,可使用教室的监控设备等获得教师和学生在课堂中的行为表现,从而生成课堂数据,如学生玩手机的次数和时间、课堂互动的情况等;三是网络学习行为数据,如学生观看课程视频或做习题时的时长、修改次数、鼠标点击频率、是否跳跃、是否反复等;四是影响个体学习但不直接相关的数据,如一些社交系统数据、个人心理和身体状况相关数据等。

教育大数据是教师开展教育分析的有效工具,为其分析教学数据和提升学生学习效果、改进教学策略提供了科学依据。从教育大数据的数据来源和应用领域来看,它会在将来的教育中起关键作用。

2. 数据素养

(1)数据素养概念。随着大数据应用价值的彰显,数据素养受到了广泛的关注。数据素养的概念最早起源于美国的教育领域,但国内外的研究者对数据素养的描述各不相同。不同的学者有不同的见解:有的学者认为数据素养是可以解读数据中的信息,从而利用其进行创造和沟通,并能够通过有效的方式进行形容的一种能力;有的学者认为数据素养是能够具有"听、说、读、写"数据的技能,包括理解、读取、评价、应用与交流数据;有的学者认为数据素养是在合乎社会道德伦理的前提下,能够对数据进行客观辩证的理解和处理,能发挥出数据应有的价值。

我们现在虽然对"数据素养"一词没有确立一致的定义,但是整体来说数据素养涉及两方面的内容，即本书对数据素养的界定：一是思想意识层面，包含对数据意识、数据伦理等的要求；二是实践技能层面，包括数据获取、数据处理、数据交流、数据应用等方面的能力。

（2）数据素养与信息素养、统计素养的关系。数据素养与信息素养最根本的区别是数据素养极大，并且非常复杂，涉及对数据的处理。美国大学研究图书馆协会（Association of College & Research Libraries，ACRL）在2013年以数据素养是否应该合并到信息素养为主题进行了调查，并结合调查结果将数据素养与信息素养进行了比较，认为数据素养是信息素养的主要成分之一，且其极大地扩展了信息素养的内涵，使信息素养得以顺应时代发展的轨迹。

概括而言，学术界对信息素养、统计素养和数据素养三者之间的内在联系有三种不同的观点：第一种观点认为数据素养是统计素养的组成成分，而统计素养又是信息素养的成分之一；第二种观点认为统计素养是数据素养的组成成分，而数据素养又是信息素养的成分；第三种观点认为三者互不相同，仅存在相似之处。

本书认同第三种观点，对信息素养、统计素养和数据素养这些概念的描述都是学者基于不同的背景与视角下提出的，三者之间既有区别又有相似之处。数据素养更多表现在对数据进行各种分析操作、挖掘其中的应用价值上，其处理对象是当前大数据环境的所有对象。信息素养偏重通过一定的信息技术手段，从信息源中选取信息、评价信息以及应用信息，在这个过程中体现了信息意识、知识与能力。信息素养处理对象是信息，数据只是其中的一种，因此数据素养是大数据时代信息素养的延伸与发展。统计素养则偏重对数据的统计思维与统计方法的运用能力，与数据素养的处理对象不同，其处理对象一般只是数值型数据，而在大数据环境下，数据素养涉及的数据类型除了数值型数据外，还包括大量的非数值型数据。

（3）数学教师数据素养。在日常教学中，教师经常会遇到教育大数据，教师需要拥有良好的数据素养，能够根据这些数据去更好地了解学生和反思自身。随着数据素养与教育的整合，学者提出了教师数据素养这个新概念。教师数据素养可以概括成教师应用数据指导教学的能力。由于教育大数据种类多样，教师数据素养的定义难以统一，所以不同学者对教师数据素养的概念表述不同。

基于这些学者对教师数据素养概念的阐述，本书认为，数学教师数据素养是指教师能够依据一定的数学教学目标，在数据意识的驱动下通过各种渠道从教育大数据环境中合理合法且有效地获取、处理、交流与应用数据（包括在数学课堂中产生的各种行为数据、学生数学考试成绩和数学教学资源数据等），以便优化教学决策，提高执教能力和育人质量的专业素养。它是大数据背景下高中数学教师不可或缺的一项专业素养，同时还是教师时刻掌握学生学习状态和认知水平的有力工具。

（二）数学教师数据素养的构成要素

1. 教育数据意识态度

（1）教育数据意识。教育数据意识是大数据背景下高中数学教师具备数据素养的首要条件，是教师利用数据优化教学的前提和动力。教育数据意识是指教师在头脑中对教育数据的能动反映，体现在教师能够敏锐地感受、判断、洞察自己教学生活中接触到的相关教育数据，并认同教育大数据的价值。其具体包括五方面。

①数据敏感度。教师要突破"数据＝成绩"的局限，对所有教育数据有一定的敏感度，能够用数据思维观察、分析日常的教学活动或稍纵即逝的教学现象，将常见性、碎片化的教学片段、教学事件以数据的形式呈现，以数据的方式感受、理解和评估。

②数据价值意识。教师要肯定教育数据的价值，明确教育数据对社会的影响和作用，在工作中可以有兴趣和有目的地关注和寻找所需要的教育数据。

③数据保存与辨别意识。教师要对教育数据有即时、合理保存的意识，将各种数据信息分类储存，形成数据图库和知识谱系，以便使用时及时找到相应的数据，并能对数据质量、可信度有辨别和评估的意识。

④数据更新与共享意识。教师要明白教育数据具有时间效应，教师要具备数据更新意识，并且要具备教育数据共享意识，将教育数据价值最大化。

⑤数据安全与保密意识。教育数据具有一定的隐私性，教师要有数据保密意识，对数据安全有一定的警惕性。

（2）教育数据伦理。教育数据伦理是大数据时代高中数学教师数据素养必不可少的内容，是教师在获取和使用数据过程中必须遵守的原则。在大数据时代，数据来源开始变得广泛多样，数据是易得和透明的，但是教师在采集、使用、分享教育数据时应该遵守相关的法律、法规、数据提供方的规定及一些约定俗成的规则。教师应尊重数据源，注意数据使用的版权与许可问题，不得违规买卖任何教育数据，不能侵犯个人、单位、机构、社会以及国家的教育数据隐私。教师对数据的取舍和应用必然面临"价值"和"道德"之间的矛盾，教师需要具有教育数据道德责任意识，保护学生基本信息数据的安全和个人隐私。例如，大数据背景下的有些数据能够体现出学生的身体和心理缺陷等敏感信息，教师应以保护学生为重，交流公布数据时要慎重。

2. 教育数据获取能力

教育数据获取能力是指高中数学教师在日常教学工作中要有意识、有目的、有选择地使用工具筛选出需要采集的教育数据的能力。伴随"互联网+教育"的开展，教育大数据迅猛增多，有来自学生方面的数据，如家庭背景、种族等个人基本信息数据，或学生考勤、辍学率、考试成绩等学生学习行为的数据，也有来自教师方面的数据，如课堂提问的次数、课堂练习的题量、作业布置的数量等教师教学行为数据。教师获取数据的能力分为两种：一种是对可以从已有的数据源中获取的数据，能够从学校档案系统、学生信息管理系统等平台下载、导出的数据，在多种格式的各个文件中搜集所需要的数据进行编排整理；另一种是对不能直接从现有数据源获取的数据进行搜集。一方面，教师要能够设计适当的教学模式或教育评估方式，科学、规范地获取数据，如设计学习评价量表、观察学生的相关行为并进行记录等；另一方面，教师要具备选择和使用适当数据采集工具的能力，对学生的数学课堂表现加以量化式管理。教育大数据常见的数据采集工具有录音笔、录像机、监控设备、高拍仪、教学管理系统等，也有以教育机器人、物联感知系统、智能穿戴设备为代表的新型采集工具，教师要知道不同的教育数据需采用不同的采集方式和工具。

3. 教育数据处理能力

（1）教育数据分析能力。教育数据分析能力是高中数学教师基本的教育数据处理能力。在大数据背景下，与数据分析有关的技术正在不断融入教育领域，如出现了新兴的学习分析技术，使教师的数据分析能力变得越来越重要。教育数据分析能力指的是教师使用合适的统计工具，应用一系列分析方法处理获得的数据，从而将教育数据转化为对教学有帮助的可视化信息的能力。在分析数据前，首先，教师要具备根据实际教学的问题确定所要分析的数据对象和剔除问题数据的能力；其次，要能够根据获得的数据类型、结构、分析目的以及实际的教学条件来选择最适当的数据分析工具；最后，要能够按照一定的数据分析原理，对数据进行可靠性、相关性、差异性和教学重要指标等分析，并得出有用的教学信息。其中，对数据进行可靠性分析是指教师对数据的获取渠道、测量数据时的误差、数据的信度与效度进行分析；对数据进行相关性分析是指教师通过数据化学生的不同行为表现，将学生在不同阶段的考试成绩、不同教学内容间的潜在联系等方面的相关性进行分析；数据差异性分析是指教师对学生的前后学习差异、学生之间的差异、不同教学方法导致的教学效果差异等进行分析，进而应用科学的教学策略；分析教学重要指标是指教师对极端现象数据、考试成绩平均分、学生课堂表现等方面进行分析。

（2）教育数据解读能力。教育数据解读能力是高中数学教师数据素养和教学能力的综合反映，也是处理教育数据的重要环节。教育数据解读能力是指教师能够以教学的角度解读各种数据图表和报告，把教育数据和数学教学联系到一起。教育大数据是多种形式的，如学生的数学考试成绩等数据是可测量的、清晰的，教师需要凭借自身的判断力和逻辑推理能力，结合相关的数据分析对眼前数据所包含的潜在信息进行正确的解释，并挖掘出数据背后隐藏的有用信息。例如，学生参与课堂情况等数据则不易测量，难以量化，但这些数据蕴含着学生的学习态度、心理状态的指向等重要信息，教师需要能够运用大数据技术对其进行捕捉分析。对利用复杂数据分析所呈现的数据分析结果，教师要能够做出专业的解读，反思自身教学问题，及时发现学生存在的问题，初步假设原因并加以验证，以便改进教学效果。

4. 教育数据交流能力

教育数据交流能力是高中数学教师数据素养的价值体现。教育数据交流能力是指教师运用与主题相关的数据和教育相关共同体进行沟通的能力，也就是"用数据说话"的能力，包括与学生、家长、同事、领导以及自身的数据交流五方面。第一，教师应使用数据来告知学生有关学生的学习进展、学习水平等信息，让学生对自己的学习状态有客观、全面的理解和认识，以便学生开展下一步学习计划；第二，教师应使用数据的语言来对学生的学习成长进行专业描述，以客观合理的方式与家长进行交流，增加家长对学生学习状况的了解，并建议家长根据数据所反映出的信息对孩子进行个性化的家庭教育，形成教育合力；第三，教师要能够使用数据形成自己的教学日志或报告，这些数据报告能够有效反映教师教学的过程、效果和经验，之后将数据和同事们进行沟通共享，以数据的方式交流数学教学现状、教学理念和教学手段等方面，使教师们互相学习对方的优秀经验，优化教学模式；第四，基于数据向领导进行汇报，能使领导者更清楚地了解教师的工作现状；第五，用数据的形式写教学日记，客观总结和反思自身的教学能力，这样可以避免教学反思中的主观性和模板化。

5. 应用数据教学能力

（1）应用数据改进教学设计。应用数据教学能力是指高中数学教师能够使用教育数据改善教学的能力，是教师数据素养的根本目的，同时也是教师应用教育数据对教学改革的重要能力。依据教学过程的实施步骤，教师应用数据改进教学设计是应用数据教学的第一环节。传统的教学设计一般会存在一些不足，如备课是基于教师的经验，缺乏对学生的客观了解；课上教学以讲授为主，以教材为本，多是控制型教学，学生缺乏主动参与的机会；作业以课后为多，造成学、练与评不同步，缺乏即时的反馈。在大数据时代，教师应用数据改进的教学设计具有适用性和创新性。依托大数据技术，数学教师需要对学生知识点掌握程度、学习困难、学习心理等数据进行教学诊断分析，客观把握学生学习情况，有针对性地备课。例如，教师根据不同学习程度的学生回答问题的次数与正确率来调整课堂提问的次数和难度；需要在积累和解读数据的基础上，整合教学资源；需要根据数据分析出的学生个人兴趣向学生推送电子教学资料，并根据实际需要进行更新、分析与解读，使教学活动打破时间和空间的束缚；需要以学生个体差异为切入点，结合数据分析的学生智力结构和学习风格，制订专属每个学生需要的个性化训练计划，减轻学生的作业负担。

（2）应用数据优化教学组织。在大数据时代，应用数据优化的教学组织具有灵活性和开放性。一方面，有研究认为，动机、情感、兴趣和意志等非智力因素对学生学习能力有非常显著的正向影响，教师应根据大数据技术对非智力因素进行观察和记录，充分激发学生潜能，使教育过程变得灵活。例如，教师对学生的知识基础、认知特点、学习兴趣等进行综合分析，将学生分组进行实验授课，对认知水平较弱的那组学生进行验证性数学实验教学，给出数学课本上提供的实验教学材料，让学生进行验证；对认知水平相对较强的那组学生进行探究性数学实验教学，给出与实验相关的多种实验材料让学生选择，并引导学生自己设计实验方案。另一方面，在大数据时代，教学组织不再局限于实体课堂，教师应提高自身的在线学习组织和领导能力、在线为学生提供教学服务的能力以及将线上与线下教学有效衔接的能力，以开放的心态和更丰富的视角组织教学，使学生可以随时随地与同学、教师进行交流探讨。

(3) 应用数据完善教学评价。在大数据时代，应用数据完善的教学评价具有客观性和全面性。以往学生对教师的教学评价由于性格、学习偏好等因素，打分时常带有浓厚的主观色彩，无法准确反映教师教学效果和教学过程中存在的问题，也无法对教学提出有益的指导。教师对学生的学习评估多以考试成绩为主，形式多为总结性评估，注重"回头看"的学习评估，缺乏"向前看"的学习评估，对学生的了解也是片面的。在大数据时代，教师需要能够利用大数据技术跟踪、记录、处理与分析每个学生与学习相关的数据和自身的教学数据。这种多元数据不仅能使教师客观深入地反思自身教学能力，还能使教师可以更客观准确地全面评估学生，从而提高教与学的质量。比如，在数学必修1第一节实验课上检测组织中的糖类等化合物，当实验室的数字化信息采集系统检测到学生使用水浴锅时，教师就知道该学生在检测还原糖。数学教师利用每个学生的实验数据，可以随时了解实验进度，预测实验结果，将数据作为佐证手段对每个学生的实验能力做出精准分析和综合评价。

(4) 应用数据建立教学预测。在大数据时代，应用数据建立的教学预测具有前瞻性和预警性。它要求数学教师充分发挥大数据的预测功能，对教育大数据，如学生的学习态度、家庭背景、成长经历、兴趣爱好、学习风格、智力水平等因素之间的关系进行分析。通过数据建模，教师预测学生在某一阶段学习的发展趋势，及时发现潜在问题，快速识别需要帮助的学生，在学生的学习过程中给予及时的帮助和必要的指导。此外，基于数据的教学预测还可以为每个学生提供适合自己的学习目标、学习计划、学习方法和辅导方案，帮助学生更好地适应学习节奏，真正实现点对点的个性化教学指导。

(三) 理论基础

1. 教育信息化理论

随着20世纪90年代信息高速公路的开展，教育信息化的概念衍生出来。把信息技术运用到教育中来实现21世纪教育革新是美国"信息高速公路"方案的施行重点，这个观点得到了各个国家的踊跃响应。20世纪90年代末，我国开始参加信息化建设。伴随着网络技术的普及，信息技术深入社会的各个层面，人们注意到它对社会的影响变得越来越大，"社会信息化"的概念随之出现。而后，信息技术在社会生活中的应用范围渐渐变广，开始进入教育领域，逐渐有了"教育信息化"这一概念。

教育信息化是传统教育向现代教育转变的相关的一系列建设，与网络化并不相同。

教育信息化具有两方面的特性，即技术性和教育性。技术性是指在信息技术的帮助下，教育系统智能化，教育设备数字化，教育资源网络化，学生教材多媒体化，教学内容动态化、形象化；教育性是指信息技术把在线课程、数字图书、软件库等教育资源连接为巨大的数据库，并提供一个开放自主、交互性强、形式多样的学习平台，使教育摆脱时空的限制，让不同地区的人可以随时就某一知识点展开交流，共享教育资源。

2. 终身教育理论

1965年，法国著名教育家保罗·朗格朗 (P. Legrand) 在巴黎召开的国际成人教育会议上提出了终身教育和终身学习思想。在当今社会，所有人都不可能只以其学生时期所学到的知识和技能受用终生，教育应该是我们以出生的时候为起点，以逝世的时候为终点，其间持续不断终身学习的过程。

终身教育理论的基本观点是，终身教育伴随人一生的始终。从纵向上来看，它涉及每个人从幼年期到老年期的不同人生阶段所接受的不同程度的教育；从横向上来看，它包含从家庭、学校、网络、社会等不同途径所接受的各方面的教育，最终建立一个学习型社会，让个体能够适应社会环境，并能充分发挥自身潜能。

终身教育理论的提出对教师的再教育有很大的意义。国际吸收了终身教育的观点，将教师入职前和入职后的教育逐步建构成了完整的体系。终身教育理论为教师教育提供了系统的培养原则：一是连续性原则，将教师教育贯穿到教师终身的专业发展之中；二是一体化原则，将教师各阶段受到的教育衔接到一起形成完整体系；三是发展性原则，教师教育的内容应包括培养教师的意识、知识、能力等各方面，实现对教师思想、知识、技能的综合专业能力发展，将教师由原来的教育者转变成一个终身受教育者。

3. 教师专业发展理论

随着师范教育的出现和教育教学理论的发展，17世纪末至18世纪初，教师的专业性问题开始得到认识与关注，1966年联合国教科文组织首次以官方文件的形式正式提出教师职业向专业化发展。"关于教师地位的建议"中明确提出，教育工作是一门职业，需要教师通过不断学习和专业的训练，获取专门的知识和技能。而后，美国的研究者弗兰西丝·富勒（Frances Fuller）在20世纪60年代末编写了"教师关注问卷"，自此教师专业发展的理论研究拉开序幕，成为新兴的研究范畴。

教师专业发展从宏观层面上看，主要指为顺应社会发展需要，教师队伍的社会角色内涵、职业标准及专业化不断发展的进程；从微观层面上看，主要指教师本人作为专业人员，通过自觉主动地对教学工作不断进行新的实践与探索，达到更新教育教学思想、优化教学知识结构、提升教学专业技能、完善教学职业操守的目的，使教师的思想、知识、能力、道德发展完善起来。

教师专业发展理论是指导教师专业化发展的根本理论依据。这种理论旨在探寻教师入职前、在职到离职后的全部职业阶段中存在的规律，并加以运用。它建构了一种相对系统的理论框架，为教师职业生涯中的各个阶段的专业发展提供了重要的理论指导。

4. 各理论对本书的启示

教育信息化理论可以帮助教师改变传统教学观念、教学模式、评价方式、教学环境等，给教师提供多样的学习资源和教学资源，促进数学教师数据处理水平的提高。随着教育信息化的不断深化，教师需要具备信息化教学理念、信息化教学态度、信息伦理道德等意识，并善于将其运用到开发教学资源、实施教育信息化教学、评价教学中，使教师自己运用信息技术的技能得到提高。这为高中数学教师数据素养的培养创造了环境条件，为数据素养的培育打下了坚实的基础。此外，我国教育信息化建设进展迅速，截至2015年9月，完成教育资源数字化建设的已有6.4万个教学点，所有班级能使用数字教育资源展开教学的学校占37%。自终身教育理论问世以来，它对世界教育的理论和实践研究产生了深刻的影响。终身教育就是伴随人一生的全部教育。广大高中数学教师作为为国家培养优秀接班人的教师，更要坚持终身教育思想，自觉主动地进行学习，不停学习与教育专业有关的知识，跟上大数据时代的步伐，及时更新教育观点、知识与技能，结合自身学科教学，提升自己的数据素养，做到与时俱进，使学生能在先进的现代教育思想指导下健康成长。另外，教师数据素养培训应该以终身教育理念为指导，把教师入职、在职等阶段教育衔接起来，充分挖掘教师主动学习意识，使教师在学习、反思、行动中不断获得自我发展。这对提高教师数据素养的水平，提升自身的核心竞争力，有重大的战略意义。因此，终身教育理论为培养高中数学教师的数据素养提供了重要的教育教学理论依据。

教师专业发展理论指出，教师专业发展应该将教师的需求和社会发展、学校要求、学生需要联系在一起，在保持自身发展进步的同时，还要体现出国家和社会对教师的要求标准，使教师努力达到学校的期望。高中数学教师数据素养的发展就是教师专业化发展的过程，在高中数学教师数据素养的发展中，它既促进了高中数学教师个体的专业化，又促进了高中数学教师群体的专业化，体现了大数据背景下，国家、社会、学校及学生对高中数学教师的新要求。教师专业发展理论为培养高中数学教师数据素养的必要性提供了重要理论支撑。

二、高中数学教师数据素养的培养路径

（一）提供环境导向，强化数据意识

1. 加强政策引导，将数据素养纳入教育领域话语空间中

教育政策和它所体现出的观念对教师数据素养的养成和提高有极其重要的影响。因此，我们建议国家或地方能够拟定出相关的政策，把数据素养归入教育范畴的话语空间中，使教育界各岗位的工作人员快速了解和重视教师数据素养。政府应加强政策引导，制定包括数学学科在内的不同学科、不同教育阶段的教师数据素养标准，为高中数学教师数据素养的发展提供参考。同时，政府还要明确教师素养发展的门槛标识，将数据素养加入教师资格认证的考查要素中，增强入职前的数学师范生的数据意识，为推动教师数据素养的强力发展打下基础。

2. 重视数据文化，营造发展数据意识的数据环境氛围

大数据时代，很多国家都很重视教育大数据的价值，在教育中对数据应用进行了大量的资金投入，来支持教师数据素养的发展。例如，基于国家战略，美国斥资 2 亿美元，并在 2012 年颁布了"大数据研发计划"，此计划旨在经过对大量数据的获取分析，解读其中的信息并利用其提升教师教学水平，革新教学模式。欧盟将 1 亿多欧元投入科研数据的建设中，把信息化基本设备当作"欧盟科研框架计划"的重点内容之一。从各国教师数据素养发展经验来看，教育界需要做到高度看重数据的应用价值，及时制定激励和支持措施，如在高校教师教育学院中开展教师数据素养发展的专题项目，吸引学校、一线教师、大数据分析者和管理者等各方力量投身到教育研究中。我国加大对教育大数据采集与管理设施的资金和技术投入力度，支持教师应用

数据改善教学效果，完善教学评价，对学生进行个性指导。我国应大力宣传数据中存在的价值，通过实例展示正确的处理数据方法，在各级各类教育中渗透数据素养的培育，把数据素养深入全民教育中，营造浓厚的数据文化氛围，引导教师形成数据意识，端正数据态度。除此之外，我国还应该重点培养教师对数据的观察、感受、判断能力，倡导教师在教学实践中运用先进的数据理念，积极主动地探索教育数据，形成及时管理数据的良好习惯，准确地对数据做出解释，将数据作为教学决策的佐证，全面增强其数据意识。

（二）优化资源建设，便于数据获取

1. 完善数据系统，为数学教师使用数据提供实践条件

教师数据素养的提高需要得到外力的支持，数据系统是教师得以收集数据和处理数据的操作平台。当前，我国数据系统建设的重点在于数据行政管理方面，未考虑教师对数据的应用需要，严重影响高中数学教师的数据应用和数据素养的发展。我国教育部门应完善现有的教育数据系统，加强有关教师数据应用的规范和标准建设，转变教育数据系统的传统行政管理模式。我国完善数据系统可从教师搜集数据与处理操作两方面来进行，一是连通各级教育单位的教育教学相关数据，在注重数据安全的前提下有序开放公共数据资源，为教师提供充足的教学数据和学生学习数据。例如，美国俄勒冈州成立了一种范围囊括全州的教育数据系统（Statewide Longitudin al Data System，SLDS），将整个州、各个学校、每个班级和学生的数据都归入系统中，实现了整个州的数据连接，这全面推进教师数据素养的发展。二是积极优化数据处理功能，提高教师的数据利用效率，节省教师的数据检索和数据获取时间，尽可能分担教师应用数据的前期工作量，使教育数据系统成为教师获取教学资源、进行数据分析的重要支撑平台。

2. 建立校本资源，优化数学教师的校园数据管理环境

校园数据管理环境对提高教师数据素养来说极为重要，是教师数据素养发展的基本保障。因此，我们应该把广大教师的数据资源聚集在一起，建成

校本化的数据资源库，完善学校的数据管理环境。我们具体可以从三方面展开：一是加强校园数据平台的管理，设立专门人员维护教育大数据平台，便于数据录入和输出，实时整理翻新各种数据资源；二是不断改善教师的工作条件，按照各校数据素养发展需求、数据驱动教学计划以及统筹规划，合理采购教师实施数据驱动教学所需要的基础设备，如录播设备、高拍仪、数码点阵笔、可穿戴设备等；三是整合数据资源，建立学校、教师、学生等几大类教育数据资源库，为数学学科甚至带动其他不同学科的教师开拓数据思维，提供获取数据的便利。在整合数据资源的过程中，学校数据资源库的建设非常重要，工程也极为复杂，需要有学科建设、师资建设、数字化建设、文化资源等各方面的数据建设支持。这依赖学校管理者、所有教师、学生以及家长的积极配合。教师数据资源库通常含有的是教师在不同的数据思维指导下，通过使用不同的数据教学方法产生的不同教学效果的数据等。学生数据资源库含有的是同类学生学习不同知识时所形成的数据、不同类学生学习相同知识时所形成的数据以及特殊学生全体或个人的相关数据等。

（三）开展专业培训，学会数据处理

1. 增设专业教育，奠定数学师范生教师数据素养基础

从师范教育的课程开设情况来看，我们目前只有少数学校开通了"教育测量与评价"这一课，且包含的内容只是教育评价的基础知识和通常的测量方法，从时代需求的视角考虑，这已经无法适应大数据背景下教育教学的基本要求。为促进教师数据素养的发展，我们建议将数据素养纳入我国师范教育培养目标体系当中，在数学专业教学中渗透与数据素养有关的内容。例如，我们在数学师范生培养中增加数据获取、处理、交流与应用等与数据素养相关的一系列课程，并给学生提供数据驱动教学的实践机会和实施场所，为今后教师数据素养的发展打下坚实的基础。在美国早已有了这样的实例，西俄勒冈大学在师范生教育课程中加入了数据驱动的理念，培养师范生应用数据改进教学的能力。通过九年多的教育实践，这门教师职前培养课程

变为基于数据的文化学习团体课程,数据成为该校的革新推动力。

2. 强化职业培训,建立在岗教师数据能力发展的保障

教师数据素养的提升,不能只依靠师范院校开设的相关课程,还需要通过专门的培训与实践来不断巩固和强化,对教师进行一系列职后培训是教师数据素养提升的重要保障和有效途径。因此,我国应强化教师数据素养的职业培训,充分利用大数据技术分析接受培训的教师的学科背景、兴趣爱好、科研习惯、思维方式、职业角色、现有数据能力等因素,根据不同需求情况将教师分类别、分层次地进行有针对性的个性化培训。在教师数据素养的培训过程中,培训教师要充分把握教师的接受度,由简到难、由浅入深,培训内容要符合教师的学科专业要求,开展包括数据基本知识与道德、数据检索与获取、数据分析与解读、数据评价与管理、数据应用与创新等多层次的数据素养培训,使教师掌握数据教学的"知""思""行"。教师数据素养的培训可以采用国家统一培训、省内培训、校本培训等方式,开展线上与线下混合培训活动,建立完善的联动型教师数据素养培训体系,不断提升教师的数据处理能力,发展教师的数据素养。

(四)搭建教师平台,加强数据交流

在大数据背景下,教育数据呈现爆炸式增长,教师间的交流与共享变得越来越重要。从课程数据的完整性角度来看,单个教师供给的数据是从个人视角形成的,不易表明整个学科中的数据全貌,而全体教师的数据是从多个角度形成的,有利于学科数据的建设。教师之间(特别是同一学科)的数据共享和相互借鉴,能够帮助教师弥补遗漏的数据资源,形成完整的数据链,加深处理和使用数据的程度。联合教师全体的资源力量,建立学科数据以供教师参考,是培养教师数据素养的关键任务之一。因此,我们需要搭建学科数据交流与共享平台,为教师间分享教育数据资源、交流数据教学认知提供便利,帮助教师增进对教育数据的理解。同时,我们可在平台上推广应用数据改进教学的案例,供广大教师应用参考,促进教师网络学习共同体的

形成。网络学习共同体可以使良好的群体数据习惯带动个体教师，帮助他们克服对数据思维的抵触和畏难情绪，使其勇于使用数据改进教学，推动教师数据素养的自主发展。

（五）激发学习动力，促进数据教学

1. 健全考核标准，激发教师数据素养发展的外部动力

教师数据素养成长的外部动力来自学校对教师有效的评估机制与激励措施。目前，我国对教师数据素养的研究还没有形成统一的标准，也缺乏明确的评价指标，因此很难准确地衡量与评估教师的数据素养水平，这无疑会对教师数据素养的培养造成一定阻碍。为促进教师数据素养的发展，我们建议学校转变对教师考核评价的方式，从关注课程完成度和学生成绩提高的评估转变为综合性的绩效评估，如相关学科的数据教学行为、教学情境创设、教学资源贡献等，并可以与其他相关部门和机构针对学科特点制订教师数据素养的发展规划，确定详细的、可操作的评估标准，形成在岗教师数据素养水平测试评价制度，然后将之加入教师业绩考核中，使数据素养成为测量教师职业能力水平的重要依据。美国州首席教育官员理事会（Council of Chief State School Officer，CCSSO）制定的 In TASC 标准早已被许多地区用来衡量教师数据素养的水平，这种教育管理的经验很值得我国相关部门学习。

2. 倡导数据教学，推动教师专业发展需求的内部动力

培养教师数据素养的实质就是倡导教师在教学活动中积极应用数据进行教育实践，满足自身专业发展需求。教师的应用数据教学能力是教师数据素养发展的核心所在，学校应倡导基于数据的教育改革，强调"用数据说话""以数据为证"的教学方式，激发教师数据素养生长的内部动力。学校应实行表扬与奖励机制，激励教师积极参与数据教育实践，教师在探索应用数据的过程中发现问题，提出创新见解，增强实践操作能力，满足其职业成就感，促进其应用数据能力的提高。最初，教师会对周围的教育数据越来越重视，之后会思考如何去分析和利用这些数据，来调整自己的教学决策。

第四节　基于大数据的高中数学学习环境构建

一、产生背景

当前网络学习环境中，网络学习者在源源不断地增多，网络学习平台多种多样，学习资源的形式也各有不同，学习资源的井喷式增长导致信息过载现象越来越严峻，人们无法从海量的学习资源中准确地获取自己需要的学习资源。如何利用大数据记录学习者的学习轨迹，分析学习过程中产生的数据，归纳学习者的兴趣偏好，为学习者推荐最精准的学习资源，提高学习者的网络学习效率，为学习者构建个性化的学习环境是我们当前要解决的重要问题。

大数据时代的到来引发了学习理念与学习方式的变革，学生从内容的消化者转变成内容的创建者，学习从课堂走向环境，技术的发展和学习理念的转变触发了学习环境的变革。大数据引领下的在线学习，能够实现全方位的跟踪、记录，能掌握不同学习者的学习特点、学习需求、学习行为和学习基础，根据学习者学习的特点建立学习模型，为不同类型的学习者打造个性化的学习策略、学习工具、学习资源、学习活动，使不同学习者的学习内容不再千篇一律。在线学习会根据学习者的学习轨迹动态呈现学习者的学习情况，为学习者营造个性化的学习环境，使学习者从学习中真正找到幸福感。

二、基于大数据个性化学习环境的研究现状

（一）国外教育大数据的研究现状

国外对大数据在教育领域中的应用研究时间较早，国外对大数据在教育领域中的应用相对国内较成熟。20世纪60年代初期，美国就开始进行数据

驱动课堂的学习，大数据应用于初等教育、高等教育以及社会教育中等。

　　2012年，美国教育部提出的《通过教育数据挖掘和学习分析促进教与学》的报告，为大数据在教育领域的应用研究奠定了理论基础，同时报告对美国大数据在教育领域中的应用研究案例进行了分析，对面临的挑战做了详细的阐述。2013年9月，可汗学院（Khan Academy）推出学习分析仪表盘（Learning Dashboard）的课程，基于学习者的大量学习轨迹数据形成个性化推荐结果。2014年，美国新媒体联盟（New Media Consortium，NMC）发布《地平线报告》，其对学习分析技术做了阐述。学习分析技术对教育工作者来说，其能够挖掘教育数据隐含的信息，提出更好的教学方法，定位各类学习人群；对教育研究者来说，其可以揭示学习者与学习资源之间的关系；对学习者来说，其能够为学习者营造个性化的学习体验。2015年，舍恩伯格的《与大数据同行：学习和教育的未来》举出可汗学院、MOOC、多邻国语言学习网站等案例，并告诉我们，正处于蓬勃发展的在线教育领域产生了大数据，教育不再只是"你讲我听"、考试评分这么简单。在历史上，我们第一次拥有了强大并具有实证效果的工具，可以空前地看到每个学习者的学习过程，破解过去难以发现的各种学习阻碍，让教育同样可以实现个性化的"私人定制"，提高学习效果。学习分析技术一共经历了3个时代，即分析1.0时代、分析2.0时代和分析3.0时代。分析1.0时代注重数据的搜集和准备，这一阶段需要的时间最长，主要是对过去的陈述，但缺少解释和预测；分析2.0时代，大数据与传统的小规模数据相区别，大数据的范围扩大到整个网络，处理数据的方式也多种多样；数据分析进入3.0时代，数据不限于互联网，还扩展到物联网，甚至扩展到无边无际的"数据宇宙"。

　　（二）国内教育大数据的研究现状

　　国内对大数据在教育中应用的研究主要处于理论探讨以及模型的建立阶段，在实际中的应用案例较少。比如，2010年，张虹波对教育资源共享环境及共享机制建设发展现状进行了研究，提出了构建先进学习资源的共享学习环境；2013 年，钱冬明提出了数字教育资源共建共享的系统分析框架，阐述了如何促进教育资源共建共享；2014 年，顾小清对教育大数据进行了研究，通过美国发布的 Experience AP 规范，对获取学习过程数据提供了理论指导；2015 年，杨现民等人对教育大数据的应用模式与政策建议进行了研究，根据我国教育大数据在应用过程中遇到的挑战，提出了六点政策建议；2016 年，邢蓓蓓等人对教育大数据的来源与采集技术进行了研究，介绍了教育大数据的来源以及几种常见的数据采集技术；2017 年，祝智庭等人认为大数据在其他领域的应用已颇见成效，但在教育领域仍处于探索阶段；2018 年，吴晓蓉认为观点与大数据同行就是教育的未来。这些论文都探讨了如何建设大数据应用的教育平台，如何实现资源共享，如何采集有用数据。这些理论研究恰是实现大数据分析的前期准备。

（三）国外个性化学习研究现状

目前，国际上越来越重视新型人才的培养，重视学习者的个性发展以及创新思维的培养，重视个性化学习的研究，积极探索学习者个性化学习的实践。美国历来重视人的个性发展，把人的个性发展作为教育的首要任务。美国为了适应文化、经济、政治、教育的发展，把对学生日后有影响的创造性、独立性、思考性、批判性的培养作为目标。

日本对教育进行了三次改革，明确了未来的教育目标：①健壮的体魄、宽广的胸怀、丰富的创造力；②自律、自由以及公共精神；③面向世界的日本人。为实现教育个性化的目标，日本极力推进学生的个性化学习，即教育内容个性化、教学方法个性化以及教学形式个性化。

2011 年，加拿大英属哥伦比亚省颁布的关于中小学"教育计划"，为学生提供了个性化的学习模式，以及追求卓越的学习目标。其计划主要包括五方面：为学生提供个性化的学习模式，提倡高质量的教学与学习，增强学习的选择性与灵活性，对学生提出高标准要求，利用信息技术协助学习。格伦·海瑟（Glen heathers）在 *A work Definition of Individualized Instruction* 中介绍了个别化教学是指根据学生的学习特征、学习需要、学习风格等制订个性化的学习指导计划。美国学者通过个别化教学的含义提出了个别化教学的三项指标：①教学活动针对具体的教学目的，教学过程充分展现学生的个性；②对学生个性化教学要充分发挥学生的自主性，能够考虑学生的学习兴趣；③在教学目标一致的情况下，可以改变教学方法和教学形式，采取个别化教学。个性化学习已经引起全世界的广泛关注，成为当前以及未来社会的发展方向。在这些理论的指导下，各国已经开始实践。

（四）国内个性化学习研究现状

为了解国内个性化学习研究现状，掌握目前个性化学习整体的研究情况，本节研究了国内期刊的一些文章。在中国知网（CNKI）期刊数据库中通过高级检索，我们搜索主题选择"个性化学习"，来源类别选择"CSSCI"，检索时间截止2018年1月，共检索565篇期刊论文。从总体趋势分析来看，国内关于个性化学习的研究逐年递增。我国对个性化学习的研究大致从2002年起，2013年至2018年稳步递增，特别是在2014年至2015年增长幅度较大。根据论文题目和论文内容，我们将565篇论文大致分为两类：一类是关于个性化学习的理论研究，共有441篇论文，约占论文总数的78%；另一类是关于个性化学习与各个学科相结合的文章，共有124篇论文，约占论文总数的22%。个性化应用领域包括教育理论与教育管理、计算机软件及计算机应用、外国语言文字、高等教育、中等教育、图书情报与数字图书馆、成人教育与特殊教育、初等教育、中国语言文字、职业教育、体育、自动化技术、互联网技术等。

国内个性化推荐技术与国外相比，国内个性化推荐技术相对落后，而且主要集中在电子商务领域，如淘宝、京东、阿里巴巴等，这些网站都是通过用户在浏览商品过程中发掘用户喜欢的商品类型，推送类似的产品。个性化推荐技术引入教育领域较晚，发展较慢，用户的体验程度不理想。纵观国内当前网络学习平台，个性化推荐功能已经初见端倪，大致分为两类：一类主要涉及技术层面，根据相关算法进行设计，对学习方法涉及较少；另一类是挖掘平台中隐含的教育信息，体现平台的教育价值。

第五节　大数据背景下高中数学有效教学研究

一、高中数学有效教学理论及现状

（一）新课程标准对高中数学教学提出的更高要求

教育部于 2017 年修改并制定的"高中数学课程标准"在高中数学教学的课程目标和基本理念上都提出了更高的要求。

新课程改革在基本理念上提出了更高层次的要求，在知识上强调本质化，注重适当的形式化，而形式化需得到适当的淡化，但不可摒弃，因为数学本身就具备形式化。这对我们培养学生的数学思维提出了新的要求，这也是新课程改革对教师提出的新要求。在学生的学习方式上，新课程改革提出了更加开放活跃的主动探求知识的动态过程，而不只限于接受、记忆、模仿和练习的学习方式，这是培养创新型人才的一个起点。社会飞速发展，这也对基础数学有了更高的要求，基础数学是学生进一步学习的必要基础。基础性也是高中数学课程的一个特点。高中数学课程应力求使学生体验数学在解决实际问题中的作用、数学与日常生活及其他学科的联系，促进学生逐步形成和发展数学应用意识，使学生提高数学实践能力。新课程标准理念提倡数学课堂不应该局限在书本知识的讲解上，而应该跳出课本，还原历史。教师可以在课堂教学时，用合理恰当的方式向学生展示数学美，和学生探究数学的辩证统一，通过对数学历史的了解，有效地将数学课变得更生动，为此高中课本有选修课本《数学史选讲》可供师生进行选择。

新课程标准需转变以往单一化、古板化评价系统，指出要重视动态过程中的评价，不但要客观地对结果进行评价，还要对过程进行客观评价，以及对学生在整个学习中情感态度的变化进行多元化的评价。新课程标准用动态多元化的评价体系，去帮助学生克服在数学学习中遇到的困难，发展学生的情感态度与价值观，提高学生对数学的学习兴趣。

伴随着社会的发展，信息时代到来，信息技术也越来越多地应用于课堂教学中，这给教师在数学课堂的教学带来了很大的便捷。高中数学课程应提倡信息技术与课程内容的有机整合（如把算法融入数学课程的各个相关部分中），而整合的基本原则是有利于学生认识数学的本质。

（二）当前高中数学课堂教学现状及面临的挑战

由于各种不同的原因，很大一部分同学都会对数学有害怕的心理，这导致有些学生不太喜欢数学，学习数学对他们来说会产生心理上的抗拒、厌烦，并给自己造成一种假想，认为自己就是学不好数学的典例。当学生考试成绩不理想时，有些家长和教师没有进行合理的引导，一味地批评，导致这类学生面临数学问题就有一种挫败感，使学生越来越不喜欢数学，他们越来越抗拒数学。学生在这种心态下，想学好数学是可望而不可即的。

一部分学生没有学习数学的精气神。传统的应试教育是教师按照自己的教学经验讲述教材上的重点内容，学生完全按照教师的思想一味地接受知识，并不主动地进行思考和建构。这种教学方式极大地依靠教师的讲课能力和经验，学生机械地画课本上的重点和难点。对课堂例题的讲解，学生希望教师能给出尽可能简单的解题方法和尽可能详细的解题步骤，以便自己能在课后作业特别是在考试当中依葫芦画瓢应用到每个类似的题目中。在这种情况下，学生失去了开发脑力思考问题和开发智力解决数学问题的机会，难以得到锻炼和发展。

因为传统应试教育的短板，教师对高分和升学率的追求与日俱增，题海战术非常流行。这使学生问问题时，教师会像"保姆"一样详细地为学生解答，没有注意到需要引导学生的自我思考，而且教师在讲新内容、新知识的时候，基本上都是教师在讲，很少引导学生参与进来一起研究新内容、新知识。家庭作业比较多时，有的学生又缺乏独立思考的能力，他们对新知识也是似懂非懂。大量作业更使学生厌烦，以致很多学生为了应付检查而做作业，不会做就抄袭、问他人，自己却不思考。

（三）有效教学理论及高中数学课堂教学设计概述

1. 有效教学概述

（1）有效教学的起源及发展。在国外，有效教学的思想萌芽于近代最早的一部教育学著作《大教学论》，其作者是捷克的教育家夸美纽斯（Jan Amos Komenský），它论述了"班级授课制"，提出了泛智教育——"把一切知识教给一切人""教育是发展健全的个性"。这些足以看出其是教学具有有效性的渊源。德国教育学家、现代教育学之父赫尔巴特（Johann Friedrich Herbart）出版的《普通教育学》提出了三中心——"教师中心、教材中心、课堂中心"与四阶段——"明了—联想—系统—方法"。实用主义教育学代表人物杜威（John Dewey）出版了《民主主义与教育》，提出了"新三中心"——学生中心、活动中心、经验中心。

随着教学科学化的到来及心理学进一步的研究和行为学的进步，人们开始把教学细分为一门独立的科学，以各种科学为基础，并用更科学的方法来研究教学。其后，西方出现了比较有影响的教学理论和教学模式，如布鲁纳（Jerome Seymour Bruner）出版了《教育过程》，强调结构主义教学理论，倡导发现法。布鲁姆通过学生在课堂上学习反馈情况对教育目标进行了详细的分类，总结为三大类：认知目标（6级）、情感目标（5级）、动作技能目标（7级）。因此，我们可以看出教学有效性被细分为一个专门研究教学的方向，使有效教学理论充分发展。国外在20世纪中后期对课堂教学有效性的研究颇有成果。加涅（Robert Mills Gagne）于1965年出版了《学习的条件》并于1985年第四次修订，同时根据学习结果的不同，提出了五种学习结果——"言语信息、智慧技能、认知策略、动作技能、态度"，并对其进行了——阐述。加涅的模型对认知学习的一般过程进行了呈现,并且隐含了有效学习的前提条件。

在国内,人类历史上最先记载专门阐述教育问题的著作《礼记》,指出教育的功能,即"化民成俗,其必由学",并且对教学原则"预防性原则、及时性原则、循序渐进原则、集体教育原则、长善救失原则、启发性原则、课内与课外相结合原则"进行了详细的阐述及说明,由此我们可以看出其是国内有效教学的萌芽。

受西方发达国家在教育上对有效教学研究的影响,国内很多学者展开了对有效教学的研究。崔允漷教授对"有效教学"的精髓和思想做了明确界定,提出了有效教学的理念:一是"有效教学关注学生的进步或发展",教师必须确立学生的主体地位,树立"一切为了学生发展"的思想;二是"有效教学关注教学效益,要求教师有时间与效益的观念";三是"有效教学更多地关注可测性和量化",如教学目标尽可能明确与具体;四是"有效教学需要教师具备一种反思的意识";五是"有效教学也是一套策略"。陈厚德教授在2000年出版的《基础教育新概念:有效教学》一书中对有效教学的基本要素、基本原则、基本模式,以及有效学习的基本要素、有效教师的基本素质和基本技能做了全面的阐述。

随着新课程改革和教学模式的多样化,有效教学得到了众多专家和学者的研究,人们对有效教学的研究越来越具体、越来越深入。高慎英和刘良华在有效教学的基础上对整个教学的全过程进行了阐述。肖成全教授在他出版的《有效教学》中,以教学效果的起点为出发点,对有效教学做出了新的阐述和界定。

我们从很多数学著作中都能看到学者对数学教学有效性的追求,如《中学数学教学设计》《中学数学教学设计案例精选》《高中数学小专题教学法》《数学教学技能与案例设计研究》《数学教师课堂教学行为研究》等。有些一线教师也针对性地发表了自己的看法,如王飞的《关注两头,抓好数学课堂教学的有效性——谈"三角函数的图像与性质"的同课异构课》通过对两节同课异构课的比较，提出了课堂教学应该要同时关注成绩高和成绩低的学生，这样才能更好地把握课堂教学的有效性；李卫星的《巧用课堂练习，提高数学课堂效率》认为影响课堂教学的有效性，需要合理布置一些有代表性的课堂思考练习，促使课堂教学的效率得到恰当的提高。

（2）有效教学的内涵及意义。有效教学从宏观上讲，它是可以很好地帮助学生学习和发展的一门科学；从微观上讲或者简单来说，它可以通过教师在课堂上有效地与学生进行互动教学，使学生能更好地掌握并理解所学知识。对从事教育教学的工作者来说，他们都希望课堂教学的有效性可以最大化，这样教师可以合理地以有效教学理论为基础，结合教学经验、教学教材、学生的接受能力等设计课堂教学。

不同的学者从不同的角度对有效教学给出了不一样的解释。陈厚德指出，所谓的有效教学，其实质是对预期的教学目的的圆满完成。张璐指出教学的有效性包括以下三重意蕴：有效果、有效率、有效益。崔允漷教授指出有效教学的三个必备条件：①引起学生的学习意向；②指明学生所要达到的目标和所学的内容；③采用易于学生理解的方式。

基于前人研究成果，本书对有效教学的理解如下：有效教学并不是简单地教学生一些知识就可以，而是需要教师引导学生主动学习，让学生主动学习，学会自己学习。教师要在教学过程中依据教材，开发具有生动的课程，让学生和教师之间充分互动起来，使三维教学目标得到充分的实现，使学生的知、情、意等方面得到发展。

2. 有效教学理论与教学设计的联系

首先，有效教学理论是怎么样的，教学设计又是什么，我们都要明白。通俗地讲，有效教学理论是指使教学效果良好的理论。教学设计是指将教学内容、学生特点、学科特点等按照某种特定的现实情况进行整合，在整合各部分特点时应该按照教学理论这一基础有效进行，并对教学过程分步设计，最大限度地促进教学目标的实现。有效教学理论是指在心理学和教育学理论的支撑下进行有效教学，能很好地对课堂教学出现的各种问题和现象进行探索、归纳和总结，对促进有效课堂有着重要作用。有效教学理论主要对"怎么教的问题"展开研究，从而为教师进行课堂教学设计提供指导方向。

在进行高中数学课堂教学设计时，教师同样要以有效教学理论为基础，思考如何设计出有效的教学设计，供课堂教学所使用。我们要明白数学教学设计是指教师围绕即将要讲授的数学教学内容、所教学生的特点、学科知识特点来实现三维教学目标设计的教学过程。

总之，教学设计要以有效教学理论为理论依据。教学设计是检验有效教学理论的一种有效方式，两者互为表里，相互促进，共同发展。随着新课程改革，学校对课堂教学设计的有效性提出了更高要求，希望教师能在教学设计的过程中预料学生可能遇到的问题，并给出完美的解决方法，让课堂教学变得更活跃，让师生互动性更强，也能推进素质教学的发展，让学生的发展更加全面。

二、基于有效教学理论的高中数学课堂教学设计

（一）高中数学课堂教学设计的思路

1. 设计前提

中学数学教师在编写教学设计时主要的依据是教材，因此要合理地解读教材，分析教材，同时还可以与不同版本的教材进行对比研究，发现一些值得借鉴的资料，拓展师生的知识面，以便更准确地确定三维教学目标。此外，教师还要有效地分析学情，使学生对教学重点、难点进行有效的把握，这是以有效教学理论进行高中数学课堂教学设计的前提条件。

2. 教学方法

新课程改革的推进对中学数学的教学提出了更高的要求，"填鸭式"教学模式及"满堂灌"的教学方法已不能适应教学改革发展的进程。因此，数

学教师应该根据教学目标、教学内容及学生的发展水平选取适当的教学方法，而教学方法又要有适合的教学媒体作为辅助教学工具，这样教学的效果才能达到更好。

以教师讲授新课"任意角的三角函数（概念）"为例，教师可以用3个主问题对学生进行启发引导。问题1：在初中是如何定义锐角三角函数的？问题2：如果这个角是钝角，又该如何定义呢？问题3：推广到任意角呢？在问题2的时候要实现一个计算机的辅助工作，利用几何画板或者Flash软件实现锐角动画变成一个钝角，这样可以更好地激发学生的求知欲。问题贯穿课堂中心，教师引导学生积极参与活动，借助多媒体辅助教学，利用探究式教学法，使学生积极地进行自主探究、协作交流。

3. 教学过程

教学过程一般是围绕三方面进行的：①提出基本问题；②分析并组成新问题；③新知识的阐述。在进行课堂教学的时候，教师让学生知道自己学习新知识的重要性和学习的新知识在解决一些问题时候的合理性，这是教师在教学过程中完成的任务，即解决学生"为什么学""为何便是如此""学了有啥用"等困惑。教学过程一般分为6个环节进行：创设情境、探究新知、巩固新知、变式运用、归纳小结和布置作业。

在数学教学过程中，情境一般以问题情境的形式出现居多，而数学是由问题构成的，数学教学过程实质上是数学问题解决的认知过程。教师可以通过一些简单易懂的问题引入，让学生进入教师已设定的情境中，使学生产生求知欲，继续探索，来打开学生的思维，使学生思维得以发散，也有利于教师对学生学习状态的了解和对课堂教学节奏的把控。

探究活动就是让学生自己参与知识的发生、发展过程，这不仅可以巩固旧知，还可以加深对新知的理解。在社会建构主义理论的基础上，教师采用讨论探究的教学模式，引导学生主动完成对知识的建构，形成自我对知识的认识表征。再以上面的课为例，对方程来讲，我们可以得出相对应的函数，而函数必然会有函数图像，那方程的根与函数图像有什么关系呢？我们先以一元二次方程为研究对象，由此探究函数零点的定义，并启发学生联想方程的根与函数零点的关系，继续进行探究活动，让学生自己观察后两个方程的特点，并结合新知寻求可行的办法，最后非常规的方程求根就能够转换成求函数的零点，还能转换成求两个函数图像交点的横坐标。

教师巩固新知一般以例题的形式呈现，在例题中来巩固新学习的知识，让学生发现学习知识的必要性及新知识的可用性。在设计例题讲解时，教师首先要考虑如何设计例题的解析，也就是如何启发学生去联想新知识的可操作性，其次还要善于归纳总结例题求解的步骤及方式方法。

高中数学课堂教学的变式应用设计一般也体现在问题上。在解决一些生活问题时，教师要引导学生自主地将生活问题建成数学模型，进而转换为数学问题，使学生利用数学的知识对其进行解决，同时也要分析问题，启发学生联想到与所学的数学知识有关的内容，最后总结所用到的方式方法。

教师带领学生简单回顾所教的知识，有利于增强学生对课堂知识的理解与记忆；简要总结知识，有利于推动学生的思维方式在学习上的运用，并促使学生对所学课程有更深的理解。

根据新课程改革的要求，教学应该是面向全体学生，使每个学生都能受到良好的教育，并在教学过程中提倡教师分层次教学。同样，在布置作业这个环节，新课程改革也提倡教师分层次地布置作业，主要由必做题和选做题构成。必做题一般是用来考查学生对基础知识的掌握程度。选做题一般是布置给有需要的学生，让他们在习得基础知识的同时能有更大的进步。总之，教师要分层次地布置合理的作业，有策略地激发学生的求知欲，让不同层次学生的需求得到满足。

（二）原理课的课堂教学设计

在进行原理课的课堂教学前，我们首先要了解什么是原理。在数学这门学科中，原理主要包括哪些？学习的内容有哪些？原理有两种解释：一种是客观的原理，即原理的客观表述，用通俗语言、符号表示概念之间的关系；另一种是主观的原理，即人的思维应变，当人在特定的情况下大脑会根据这种情况做出适当反应，以"若……则……"的形式储存在脑海里。在数学原理界定中，原理主要是指公式、法则、定理和性质。从另一个角度，我们可以把数学原理的学习看成公式、法则、定理和性质的相互组合学习。

教师在进行原理课的课堂教学设计时，要以有效教学理论及课堂学习理论为依据，进行教学设计。教师综合考虑学科知识结构特点和即将要讲授原理的特点，以及学生对知识的掌握程度，进行课堂教学设计。在设计的过程中，教师要预设与学生的沟通环节，即所设计的教学过程要与学生共同探索并逐步向学生表明原理的重要性。原理本身是比较抽象的，教师要恰当地从生活中例子出发，让学生发现学有所用。原理课的教学是以学生为主体的，教师引导学生积极参与互动探究的学习模式。这样可以让学生亲身经历原理的产生过程，还可以锻炼学生的探究能力。

（三）复习课的课堂教学设计

高中数学复习课是指学习新知识后，根据学生的掌握情况及遗忘情况进行针对性的复习，一般是梳理基础知识和基本技能，在课堂习题讲解过程中，教师强化学生对知识的理解及掌握，在课后练习中，学生巩固所学知识。复习课一般具有再现性、概括性、迁移性、结构性的特点。

以有效教学理论为基础，我们可以知道在课堂复习的时候最有效的是讲练一体教学模式。复习课的课堂教学设计中，教师要注意四点：①先于恰当的时间进行复习课的教学设计，这样更有效保证教师对课堂的掌握，有助于提高学生在复习课上的学习效果；②根据德国著名的心理学家艾宾浩斯的研究，人的记忆力遗忘是先快后慢，所以学生复习时要抓住记忆的黄金时间段和复习的最佳时间段；③根据以往所学知识点的难易程度进行复习课的教学设计；④教师要针对学生的实际学习情况和复习课的特点对复习课进行针对性的设计。

(四) 小专题数学方法课的教学设计

对概念专题课和命题专题课，教师比较容易确定其主题，而其他专题课的教学主题教师并不能很好地确定。我们下面以小专题数学方法教学为例进行阐述。小专题数学方法教学是指一堂课主要围绕一种方法，要让学生明白新方法解决问题的合理性、学习新方法的必要性，了解新方法适用的范畴及其注意的事项。小专题数学方法教学来源可以有两方面，即相同背景的一类习题构成一个小专题、相同解法的一类习题构成一个专题。教师可以为帮助学生克服解题困难设置专题。由此可以看出，我们在确定专题的时候课题应该更小些，探究应该更多些。基于有效教学理论的考虑，结合数学方法的特点，教师应该以发展性教学理论为指导依据。小专题教学设计应该给学生呈现更完整、更具体的知识和思想。小专题数学方法的教学通常是以典型例题展开的，变式运用加深学生对方法的巩固，教师最后归纳总结解题的步骤及注意事项。解题方法教学有它自身的逻辑结构，教师在进行教学设计时要正确地利用这点，充分地实现教学目的，培养学生的逻辑思维能力。数学方法的专题有很多，如待定系数法在"已知函数类型求解解析式"及"已知圆锥曲线的类型求圆锥曲线方程"中的运用、恒成立问题与分离变量法等专题。

(五) 高中数学课堂教学设计有效性实践反思

1. 高中数学教材的分析与整合

教师在精心设计课堂教学设计时，应该合理地对高中数学教材进行分析和整合。教材的内容是教材的主干，教材的结构框架是教材的根基，教材的习题和练习是教材至关重要的子集，教材的呈现形式是编写教学设计的一个参考依据。在数学领域，对比不同版本教材之间的异同点，教师也可以很好地指导课堂教学设计，特别是高中数学模块的学习，有利于学生自主学习习惯的养成，有利于学生逻辑思维能力的发展，能让学生更加主动高效地学习。学生在数学应用意识及能力的运用中，能理解数学文化的发展和数学思想方法的运转方式，能进一步推动学生的创新思维发展。教师要提高教学效果，应该以具体的教学过程为出发点进行多维度的整合。高中数学教师在教学过程中，对教材的解析与整合有四方面的依据。①在有效教学理论和新课程标准的指导下，对教材内容适当地引申拓展并进行整合。教师要整合数学教材内容，必须依据学生实际，特别是要从学生整体学习数学的水平着眼，着力于有效学习效果。②要从初步判断所教学生感知学习内容的难易程度上去分析和整合教材内容。③教师还应该对数学思想进行深入的研究和合理的变换调整，从而实现对教材内容的分析和整合。教师运用有效教学准确地把握并理解内容，运用相同的数学思想方法解决同一类问题，并对思维方式进行归纳和总结，能够有效地提高学生的思维能力和应试能力，进而提高学生的学习效率。④在实际教学的时候，教师要抓住对学生各方面培养的综合效果并结合教育大纲来分析和整合课本内容。

总之，教师应妥善地利用各种教学资源对教材进行最优化的整合，这样既可以提高教师课堂教学效率，也可以使学生的学习模式多样化，从而有效地实现新课程改革高中数学的培养目标。

2. 信息技术与高中数学课程的整合

随着信息技术的进步与发展，高中数学教材内容、课堂教学、学生学习数学的方式等都受到了影响。根据新课程改革的要求，教师在高中数学课程中应该倡导信息技术与课程内容的有机整合，促进学生对数学本质的认识。在实际教学时，教师要注意信息技术的应用和高中数学课堂教育的结合，一般分为教师演讲示范、学生的自主学习、师生的在线学习或远程学习三种。信息技术的应用和高中数学课堂教育相结合的方法一般体现在教学内容、知识框架、教学作用、教学实施、教学管理、教学评价等方面。整合目的是使一些难以用传统教学方式呈现的教学内容能更直观形象地展现给学生，以便学生更好地掌握知识。其还可以对一些适用传统教学方式的课进行优化整合，保证教学效果达到最大化。整合使高中数学课程的功能在符合时代与学生发展的前提下得到最大幅度的提升，使高中数学课堂"满堂灌"的教学模式得到很大的改善，使学生在掌握基础知识和基本技能的前提下养成良好的学习习惯，形成正确的价值观。高中数学课程内容的整合使科学的数学与古板的数学并向科学的数学改变，使高中数学的课堂管理和课程评价合理化和多元化。在高中数学课堂教学中，多媒体教学的引用可以更好地向学生渗透数学思想，培养学生的创造思维能力。在数字化的时代，学生了解的信息技术越多，在一定程度上就越有利于教师的课堂教学。学生掌握信息技术既能使学生更好地理解教师提出的问题，又能使学生独立自主地进行探究，培养其研究能力。

3. 知、情、意等方面的发展

当改革基础教育、素质教育被大力提倡时，应试教育免不了遭到冷落。三维教学目标潜在地说明了在学生掌握基础知识、基本技能及发展思维能力的同时，教师也要注重在课堂教学过程当中对学生进行德育教育，使知、情、意等方面得到有效和谐的发展。苏霍姆林斯基曾中肯地给教师建议："如果你想有更多的空闲时间，不至于把备课变成单调乏味的死抠教科书，那么你就要读学术著作，在你所教的那门科学领域里，使学校教科书里包含的那点科学基础知识，对你来说只不过是入门的常识，只是沧海之一粟。"[1] 在课堂教学活动与交往中，学生应该在知、情、意等方面密切联系，相互促进，共同发展。

学生是完整的人，是有独特思想的人，教师在进行课堂教学时要以知识为基础，以情感为载体，在心理相容的环境中去内化学生的想法。教师应该给学生提供和谐愉悦的学习环境，应尊重学生，使学生组建新型的师生关系、团结友爱的同学关系，创设知、情、意等和谐的教学情境。在数学课堂教学过程中，教师要善于利用情感去进行教学，灵活地渗透数学思想方法，创造性地去激发学生的求知欲，让学生知、情、意等方面都得到协调发展，为学生终身可持续发展提供条件。

---

[1] 苏霍姆林斯基.给教师的一百条建议[M].天津：天津人民出版社，1981：270.

第三章

翻转课堂下的高中数学教学模式探索

第一节 翻转课堂产生的背景及理论

一、教育信息化的到来

教育信息化可以提高国民素质和增强国家创新能力，这一重要作用受到各国的普遍关注。在教学领域，越来越多的智能设备进入校园，这让教育方式不再单一乏味。随着智能设备的普及，学生的学习方式更加多样、便捷，学习内容更加丰富，视野更加广阔，学习场所也不再局限于小小的一间教室。信息技术是人类拓展思维的现代化工具。从信息技术基础设施的建立，以及信息技术教育价值、信息技术使用方式等不同层面上看，信息技术正作为一个强有力的工具推动着教育向现代化迈进。

为推动信息技术与课程整合及信息技术能力的培养，日本、美国、加拿大、法国等国家纷纷制定相关政策，支持信息技术在教育中的应用。相比之下，我国在教育中使用信息技术起步较晚。这受经济条件的限制，更主要的原因是人们的意识未跟上。2000年，全国中小学信息技术教育工作会议提出:"在大力推进信息技术教育的同时,提倡信息技术在各学科教学中的普遍应用。"① 2010年《国家中长期教育改革和发展规划纲要(2010—2020年)》② 指出:"信息技术对教育发展具有革命性影响,必须予以高度重视。"《2017年教育信息化工作要点》③ 中也明确指出,"要实现全国中小学互联网接入率达到95%以上"。由此可见,国家对推进教育信息化的发展达到了前所未有的重视。数字教育资源能够较快地推动优质资源均衡配置,帮助所有儿童和青少年平等、有效、健康地使用信息技术,可以有效提高学生自主学习、终身学习的能力。现阶段,我国的教育改革和发展正面临着前所未有的机遇和挑战。我国要想加快从教育大国向教育强国迈进的步伐,就要以教育信息化带动教育现代化,促进教育的创新与变革,破解制约我国教育发展的难题。

罗杰·培根(Roger Bacon)说:"数学是科学大门的钥匙,忽视数学必将伤害所有的知识,因为忽视数学的人是无法了解其他任何科学乃至世界上任何其他事物的……"诚然,数学在人们的学习生活中占有重要地位,小到购物、炒股,大到建桥、造屋,都离不开数学。新一轮的数学课程标准明确提出把现代信息技术作为一个新的工具融入数学课程教学中。信息技术的发展改变了数学世界,不仅把数学家头脑中的"数学实验"变为现实,还对数学教师的教学也产生了深刻影响。信息技术带来便利的同时,也对数学教师使用计算机等现代工具的应用水平、专业水平提出了挑战。如何将信息技术与数学课堂完美融合,如何借助信息技术提高学生的学习效率,让学生对数

---

① 中华人民共和国教育部. 教育部关于印发教育部部长陈至立在2001年度教育工作会议上的讲话和《教育部2001年工作要点》的通知:教政法(2001)1号[EB/OL]. 中国中央政府门户网,2001-01-04.

② 中华人民共和国教育部. 国家中长期教育改革和发展规划纲要(2010-2020年):国家中长期教育改革和发展规划纲要工作小组办公室[EB/OL]. 中国中央政府门户网,2010-07-29.

③ 中华人民共和国教育部. 教育部办公厅关于印发《2017年教育信息化工作要点》的通知:教技厅(2017)2号[EB/OL]. 中国中央政府门户网,2001-02-03.

学学习产生兴趣,如何提升学生自主学习能力,实现教学效果最优化等,这些都是作为数学教师需要思考的。

二、教育资源网络化对教师和学生产生的影响

近年来,随着科学技术的发展,电脑和手机等电子设备普及,以及一些公司对教育软件、平台进行开发,越来越多的学生利用搜题软件、解题软件来做作业。尤其在数学这一学科中,一些搜题软件会给出问题的解析,甚至附带视频讲解过程,但长此以往,弊大于利,不仅影响学生数学思维的发展,而且会使学生产生依赖心理,丧失对数学的学习兴趣,失去独立思考、独立解决问题的能力。

一些缺乏自制力的学生甚至直接将搜题软件上的答案抄下来,应付了事,并没有掌握真正的知识。解决这一现象固然需要教师和家长的教育引导,他们要帮助学生以客观、理性的态度对待和使用搜题软件,同时也给数学教师们提了醒,信息技术飞速发展,教育资源多种多样,要使信息技术为"我"所用。新课程改革下,如何做到"以学生为主体,以教师为主导",如何做到"教师有效地教,学生有效地学",如何做到让每一个学生都能有效地学,这些是每一位数学教师都有的困惑。

翻转课堂和微课的出现为教师们提供了新的思路。近年来,翻转课堂在国外一些国家轰轰烈烈地进行着,最著名的就是美国的十大"翻转课堂"案例。2006年,美国可汗学院创立至今,翻转课堂几乎风靡整个世界。它颠覆了人们对课堂的观念,同时从翻转课堂中涌现出了微课的概念。2012年9月,在教育部教育管理信息中心主办的第二届全国中小学"教学中的互联网搜索"优秀教学案例评选活动中,微课程被列入竞赛赛项。自此之后,全国各地涌现出多种多样的微课比赛,如2013年广东省"计算机教育软件评审活动暨第十七届全国教育教学信息化大奖赛",2014年江苏省首届"中小学教师微课竞赛",教育部教育管理信息中心承办的全国C20幕课联盟(初中)

"学校慕课建设与翻转课堂教学观摩研讨会"，2016年浙江省微课程开发活动，湖北省教育科学研究院与湖北教育出版社主办的首届"长江教育杯"微课大赛，黑龙江省大庆市举办的"大庆市首届教师微课大赛"等。这都充分说明了翻转课堂和微课在我国受到的关注度。因此，人们对翻转课堂和微课的研究对我国教育现代化的发展有促进作用。

三、国外翻转课堂与微课的研究现状

（一）翻转课堂的研究现状

"The Flipped Classroom"中文译为翻转课堂，或反转课堂、颠倒课堂。翻转课堂在国际上出现较早，翻转课堂的早期研究受技术发展和普及程度的影响，主要集中于大学。

翻转课堂开始于20世纪90年代哈佛大学物理学教授埃里克·马祖尔（Eric Mazur）创立的同伴教学法（Peer Instruction，PI）。马祖尔认为学习分两个步骤，即知识传递和吸收内化。他认为传统教学只做到了第一步而忽视了第二步。教师应把重心放在知识的吸收内化上，教师成为学生学习的指导者，帮助学生解决常见但并不容易被学生发现的问题。

2000年，莫林·拉赫（Maureen Lage）、格伦·普拉特（Glenn Platt）和迈克尔·特雷格拉（Michael Treguera）的《颠倒课堂：建立一个包容性学习环境途径》中论述了在美国迈阿密大学开设"经济学入门"课程时采用的翻转教学（当时称为"颠倒教学"或"颠倒课堂"）模式。2001年，卫斯理·贝克（Wesley Baker）的《课堂翻转：使用网络课程管理工具（让教师）成为身边的指导》中提出了翻转课堂的模型，即教师利用网络工具和课程管理系统在线呈现教学内容给学生，作为分配给学生的家庭作业，从而教师在课堂中有足够的时间参与学生的学习活动和协作。

2007年，俄亥俄州立大学的杰瑞米·斯特勒（Jeremy Strayer）的博士论文《翻转课堂在学习环境中的效果：传统课堂和翻转课堂使用智能辅导系统

开展学习活动的比较研究》中介绍了使用 Thinkwell、CMS、Blackboard 等计算机系统以及交互式网页等情况,并阐述了所在教授的统计课程使用光盘视频代替纸质课本的情况。学生课外预先观看视频,完成在线家庭作业,课堂中主要解决棘手的问题。

2011 年,美国人萨尔曼·可汗(Salman Khan)创建可汗学院并红遍全球,于是越来越多的一线教师将他的视频加入自己的翻转课堂中,这使翻转课堂的门槛降低了,推动了翻转课堂的普及和发展。

2013 年,科夫斯基(Kowski)研究了六年级数学课堂上的翻转课堂如何适应高水平的学生。2014 年,桑德斯(Saunders)在高中数学课中研究了翻转课堂对学生学习成绩和批判性思维的影响,阿斯特丽德(Astrid)把翻转课堂应用在墨西哥高中数学课程中。2015 年,拉马利亚(Lamalia)在翻转数学课堂时研究了一种混合式教育模式:考试成绩、主动学习和悟性。2016 年,斯特罗米耶(Stromier)研究了翻转高中数学课堂的学生悟性。由此可以看出,国外一些关于翻转课堂的研究热情仍然高涨,翻转课堂的应用范围更加广泛,并取得骄人的成绩。

(二)微课的研究现状

国际上关于微课的开发较早,"微课"或"微课程"通常被译为 Minicourse、Micro-lecture、Micro-lesson 等。1960 年,美国依阿华大学附属学校首先提出微型课程的概念。1998 年,新加坡实施"Micro-lessons"研究项目,主要是培训教师学习构建微型课程,帮助教师进行具体的教学设计,为学生的学习提供帮助等。

2004 年,将微课发扬光大的是萨尔曼·可汗,他起初只是想帮远方的表妹辅导数学,通过 Doodle Notepad 软件制作了视频并上传至 YouTube 视频网站上,没想到受到网友的广泛欢迎,并于 2006 年创建可汗学院,其教学板块包括金融学、货币银行学、公司度量与估值、Python 编程、微观经济学、数学等学科。微课程概念提出者是美国新墨西哥州圣胡安学院的戴维·彭罗斯

(David Penrose)，2008年秋，其因创建"一分钟的微视频"而声名远扬。2011年，其受比尔·盖茨（Bill Gates）邀约参加了美国加州举行的TED大会演讲，自此，可汗学院风靡全球，并受众多商界明星和科技首脑的欢迎，微课之风由此火遍全球。

微课在学习中的优势是有目共睹的。国外利用微课进行翻转课堂教学的成功案例有很多，研究者对其应用前景充满信心。微课在我国的发展跟随翻转课堂而来，仍属起步阶段，还缺乏相关的理论指导和具体的量化指标。

第二节 翻转课堂教学的研究及理论

一、翻转课堂理论研究基础与相关概念界定

（一）翻转课堂的理解

翻转课堂，顾名思义，有别于传统课堂。传统课堂教学以"教师课上讲授，学生课下巩固、吸收课堂知识和完成课后作业"为主体。翻转课堂教学则是学生在课前观看教师制作的视频，完成学习任务单，记录学习中的疑难问题，课堂上与教师和同学共同解决问题，完成作业等。在课堂上，教师不再占用时间来讲授新课，更多时候教师主要组织学生进行小组讨论，汇报学习成果以及为学生解答疑惑。

翻转课堂实施中需要以微视频为载体，但翻转课堂不等同于微视频、微课程等代名词。微视频或者微课并不能取代教师。学生在家观看教学视频并不是说学生独自一人学习，而是学生事先观看教学视频，对知识有初步了解，把难以理解的知识记录下来，之后通过课堂上与教师面对面的交流和讨论，最终完成学习目标。

关于翻转课堂的理解，人们众说纷纭。它到底是一种新的教学模式、教

学形态,还是教学方法,这仍然未有明确的界定。国内外的大多数学者认为翻转课堂是一种混合式学习方式,它包括两部分:课前的在线学习、课堂的面对面学习。另有学者认为翻转课堂混合了直接讲解与建构主义的学习,是一种混合式学习方式。北京师范大学教育技术研究所的何克抗教授认为二者并无本质区别,在线学习强调教师与学生、学生与学生之间的交流互动,建构主义倡导的学习是一种知识获取的过程,是学生在特定的情境中,利用必要的学习资料,借助他人的帮助,通过意义建构的方式获得知识。重庆聚奎中学的张渝江和涂洪亮老师则把翻转课堂看成一种教学手段,同时认为翻转课堂并不能翻转所有的教学内容,一些教学内容是不适合进行翻转课堂教学的。因此,翻转课堂作为舶来品,应该根据学校的实际情况、学生的水平等进行本土化实施,找到最适合自己的方案。

(二)翻转课堂教学的理论依据

翻转课堂能够风靡全球,受到世界各国的关注,是有其理论基础支撑的,包括建构主义、掌握学习理论、混合式学习理论等。

1. 建构主义与翻转课堂

建构主义认为,世界是客观存在的,但人们对世界的理解却因人而异。在学习上,建构主义更加关注学生是如何把原有的经验、心理结构和信念等作为基础来建构知识的,同时更加强调的是学习的主动性、社会性和情境性。按这种观点,学习不仅是对知识的理解,而且是对知识的分析、检验和批判,那么就不能把知识作为预先决定好的东西教给学生,学生对知识的接受应该依靠他们自己来建构完成。建构主义强调,学生并不是空着脑袋走进教室的,教学不是知识的传递,而是知识的处理和转换,教师应该重视学生对各种现象的理解,洞察学生想法的由来,这样才能引导和丰富学生的理解。教师要注重与学生的交流和学生提出的疑问,并且他们要一起针对重点问题进行深入探索。

在传统课堂中,教师多以讲授为主,很难关注学生的个体差异,课堂上师生互动、生生互动并不多。新课程改革强调了以学生为主体、以教师为主导，但实际在有限的时间内，为了完成教学任务，课堂互动环节很难实现，这也是很多教师的困扰。翻转课堂为教师们解决该问题提供了思路。5～10分钟的教学视频赋予了学生更多的学习自由，学生观看视频对知识有一定的了解，完成学习任务单，同时记下困惑，带着问题走进教室，在课堂上与教师、同学合作交流后调整自己的理解，构建自己的知识体系，这些都充分展现了建构主义学习理论。

2. 掌握学习与翻转课堂

掌握学习是布鲁姆教学论体系四个（教学目标分类学、掌握学习理论、教育评价理论、课程开发理论）重要组成部分之一，也是核心部分。掌握学习是以"所有学生都能学好"为思想指导，以集体教学（班级授课制）为基础，把经常、及时的反馈作为辅助，为学生提供所需的个别化帮助以及所需的额外学习时间，使大多数学生达到课程目标规定的掌握标准。布鲁姆认为只要给学生足够的时间并进行适当的教学，学生就能掌握好知识。换言之，学习能力强的学生可以在短时间内完成学习任务，学习能力差的学生则需足够长的时间去掌握学习任务。

传统课堂显然不能为每一位学生提供足够的时间来掌握学习，学习能力差的学生需花费更多时间在课下来理解教师课堂讲授的内容，在课堂上学生不能及时将疑惑反馈给教师，这也是班级授课制所带来的弊端。在翻转课堂上，学生在课前观看教学视频，不仅能够自定学习步调，快进、后退、暂停或者反复观看，还有足够的时间来掌握学习，课堂上能够更好地与教师和同学进行交流，达到学习目的。

3. 混合式学习与翻转课堂

混合式学习原有含义指各种学习方式的结合，可以是视听媒体（电视广播、幻灯片、投影仪、录音录像等）与粉笔、黑板的结合，也可以是自主独立学习与小组合作探究学习方式的结合。进入21世纪，随着技术的发展，混合式学习的概念也发生了改变。北京师范大学何克抗教授认为，所谓的Blending Learning 就是要结合传统学习方式的优势和 E-learning（数字化或网络化学习）的优势，也就是说，既要把教师引导、启发、监控教学过程的主导作用发挥出来，又要体现学生在学习过程中的主体地位，发挥其主动性、积极性与创造性。E-learning 的学习方式起初应用于企业培训领域，帮助企业解决很多问题，人们一度认为它将取代面授学习。然而，事实并非如此。《培训》杂志专栏作者、上海汇旌连云驰先生认为，E-learning 只能解决企业培训过程中的一部分问题，而在培训效果方面，缺乏课堂效果的营造和积极的教学互动，培训效果大打折扣。很多人在培训现场会精力充沛、热血沸腾，看学习视频却会哈欠连天，要想保证较好的培训效果，离不开受训者的受控状态。为了进一步深化 E-learning 的应用，提升 E-learning 的培训效果，国际教育技术界在对"网络化学习"深入思考后提出了"混合式学习"，就是将传统学习与网络化学习结合起来，二者取长补短、优势互补，这样的学习效果才能最佳。

显然，混合式学习为翻转课堂教学提供了理论依据。大多数的翻转课堂教学都是线上观看教学视频学习，线下在课堂中进行交流，或者借助其他不同学习资源进行学习，达到学习目标。表面看翻转课堂是线上学习与面授学习的混合式学习，实质上，不同学习理论、学习资源、学习环境、学习方式等的混合才是其深层次的内涵。

（三）翻转课堂的优势与研究价值

1. 传统班级授课制的局限性

班级授课制是捷克伟大的教育家夸美纽斯提出的。班级授课制的提出有其时代的背景，有应用的价值，这是无法否认的。然而，在倡导新课程改革、素质教育及培养创新能力的今天，班级授课制的局限性愈加明显。

第一，班级授课制要求教师对全班同学负责，而我国国情决定每个班级的学生人数在几十人不等，更有甚者一个班级有九十多名学生，班级的人数众多决定教师更多关注班级整体的情况,并对学生进行统一的安排和控制,他们无疑会忽视学生的自主性和独立性,限制学生的个性发展,很难做到因材施教。

第二,传统的班级授课中,多以教师的讲授为主,学生只能被动地接受知识,在有限的时间内很难给予学生探究、合作的机会。学生作为个体,其原有经验、学习水平都是不同的,"填鸭式""满堂灌"、机械模仿解题方法都不利于学生创造性和创新能力的培养,使学生丧失了学习中的情感性和发展性。例如,在高中数学教学中,学校提倡让学生了解知识的生成、发展过程,但在教师追赶教学进度的影响下,这一过程通常被简化,学生只能接受现成的知识果实,对枯燥的公式、定理,缺少实践探究的机会,这很容易让学生对数学学习失去兴趣,丧失自主性。

第三,传统的教学忽视了学生的主体性。罗杰斯(Rodgers)批评传统的以教师为中心的教学模式,认为知识是被单向传递给学生的,学生缺乏情感的互动性、参与性和双向反馈,师生关系不平等,缺乏民主和信任感。

总而言之,传统课堂忽视学生的自主性和创造性,不能做到因材施教,不能照顾到个体差异,这是其根本缺陷。

2. 翻转课堂的优越性

随着翻转课堂的发展,国内外学术界纷纷就其效果和作用展开探讨,主要包括五种观点。

翻转课堂与人类的认知规律更相符。英特尔全球教育总监布瑞恩冈萨雷斯(Brian Gonzalez)曾认为"颠倒的教室"("翻转课堂"的另一种表述)是指教育者赋予学生更多的自由,教室外进行知识的传授,学生可以选择最适合自己的方式接受新知识,教室内进行知识内化,方便学生之间、学生和教师之间的沟通和交流。这一观点符合人类认知规律,因此响应者众多。例如,华东师范大学田爱丽教授认为学生最困难的是在做作业时遇到的困难和疑惑,翻转课堂课上内化知识很好地解决了这一点。河南师范大学的张新明支持这一观点,同时进一步指出翻转课堂中容易被忽视的两个关键点:第一,课外真正发生了深入的学习;第二,课堂上的学习、经验交流与观点的碰撞能够深化学生的认知。

翻转课堂能促进新型师生关系的构建。在传统的课堂教学中,无论是教师讲授还是师生间的沟通互动、对话交流,这都没有脱离"教师为中心"。翻转课堂则改变了这一现象,学生在观看教学视频时不仅完全掌握了主动权,同样课堂上的互动也是围绕学生展开的,从而建立了一种新型关系,这一新型的师生关系更符合我国课程改革所提出的"教师为主导,学生为主体"的概念。教师与学生的地位发生了改变,教师是指导者和组织者,学生是学习的主体研究者。翻转课堂不是对学生进行"放养式学习",教师需要对学生的自主学习进行适当的监督和掌控,对课堂上合作和探究给予实时的反馈和调整,否则极易出现学生学习状态散漫,教学效果无法达到预期目的的现象。

乔纳森(Jonathan)和亚伦(Aaron)认为在学生观看学习视频的时候,学生不是与内容建立关系,而是与人建立关系。也有人认为,教师制作教学视频就是与学生建立一种社交关系,教师用心认真制作视频,作为交换和回馈,学生努力地学习内容。视频中的师生关系相比于课堂中的师生关系更难把握,这种关系需要师生平等,更像是精神层面的相遇产生的共鸣,由此才能达到学生自由发挥的目的。

翻转课堂能促进教学资源的合理分配。翻转课堂的在线课程除了强调互动、交流和反馈外,还特别关注网上一些与教学有关的各种学习资源的搜集、有效利用与研发。一些专家认为传统的教学视频只是课堂教学情况的真实录制,但没有对教学信息进行二次加工,课堂上的一些无关信息分散了学生的注意力。翻转课堂的"PPT演示文稿+录屏"形式则克服了这一点,视频中教师创造的一对一教学环境能让学生的注意力集中,还使学生课前自主学习效率提高。反复观看视频既可以减少教师多次讲解的负担,也可以给予学生更多的学习空间。

翻转课堂能促进学生数学核心素养的培养。《普通高中数学课程标准》中提出高中数学核心素养包括数学抽象、逻辑推理、数学建模、数学运算、直观想象、数据分析。王尚志教授指出要想提高高中学生的数学能力，就要给学生充分的自修与钻研时间，我国高中数学教学中大量刷题练速度的风气要扭转。笔者认为翻转课堂教学更符合王教授的观点，翻转课堂教学给予了学生自主学习与探究的空间和时间。翻转课堂给了学生自由发挥的空间、探寻未知的机会，数学学习不再局限在教师设置好的条条框框中，数学问题的解决不再是机械的模仿过程，学生经过对知识的探索，既能了解知识的发生、发展过程，又能将知识建构到系统中，而不是过后便遗忘。因此，翻转课堂教学更能培养高中学生的数学核心素养。

翻转课堂能促进教师与家长之间进行更深入的交流。一些一线教师认为，翻转课堂使教师与家长的交流内容发生改变。以前，家长关注的是学生在课堂上看似学习的表象，对学生的成绩不好显得手足无措；而今，家长关注的是学生是否真正地在学习，在家观看教学视频，完成课前任务单，这些发生在自己眼下的事情让他们对学生的学习情况了然于心。

（四）翻转课堂的相关概念

1. 慕课

这一术语是 2008 年提出的。所谓的慕课（Massive Open Online Course, MOOC）就是大规模开放在线课程，课程范围涉及科技学科、社会科学和人文学科，绝大多数课程是免费的，也有部分课程提供收费服务，学习完可得到证书。其主要特点：一是典型的慕课不是个人发布的一两门课程，而是由参与者发布的大型的课程才叫慕课；二是它尊崇创用共享协议，必须是开放的才称为慕课；三是它不是面对面的课程，课程资料散布于互联网上，上课地点不受限制。斯坦福大学校长约翰·L. 汉尼希（John L. Hannich）在其评论文章中说明，网络课程也被证明是一种高效的学习方式。

慕课最初应用于大学领域，现今在基础教育界也颇为盛行。慕课在我国受到广泛关注，注册的用户在2014年达到65万，用户中学生比例较大。国内也出现了一些慕课网站，大学教育领域的包括中国计算机协会创办的"在线培训"、清华大学研发的中文MOOC平台"学堂在线"、北京大学公开课、中国大学MOOC等，中学教育包括超级课堂、CCTV中学生、优质网课等，这些网站多是收费的。华东师范大学主办的"华师慕课C20慕课联盟"则免费供全国一线教师和学生观看和使用，教师可以制作并上传视频，同时该网站还设有翻转课堂精选、微视频资源库、开放平台学习、微视频大奖赛等模块，是我国规模较大的基础教育慕课网站。慕课虽关注者众多，但对学习者的自律能力有较高的要求，很多时候并不能保证其学习效果。

2. 私播课

私播课（Small Private Online Course，SPOC）意为小规模私人在线课程。私播课与慕课一样都是舶来品，最早由哈佛大学、加州大学伯克利分校发起，只允许本校学生参加，教师通过组织线上线下教学活动，实现混合式教学，达到好的教学效果。我国私播课发展势头比较好的是新东方优能私播课，其限制性体现在必须报了面授课才能够报名同期私播课。小规模指每班限制50个人参与，采用动态录播的形式，线上与线下教师相同，教师的市场化程度较传统模式更强；在课程开通率方面，高中教师优于初中教师。另外，为了保证良好的学习效果，每次的私播课结束后，教师都会安排半小时的免费在线答疑时间（教师可以建立相关联系群随时和大家联系，并在群里沟通学习情况及作业情况）。

私播课有三个优点：①与纯在线学习相比，如慕课很难保证学习效果，而私播课则可以；②我国学生还没有养成线上学习的良好习惯，私播课能做到监督和课后服务的功能；③对基础扎实、渴望进行深层次学习的学生，私播课开设更深层内容的学习，符合其个性化学习。

二、微课的理论设计研究原则与相关概念界定

（一）微课的定义

国外对微课或微课程的概念早已有之，原意是指教学时间相对较短的课，如对单一主题录制的数分钟以内的声音解说或视像演示。我国各界学者、专家对微课的定义各不相同。

广东省佛山市教育局的胡铁生在我国最早提出"微课（程）"概念，即微课以某门学科的知识点为主要内容，针对"学科知识点"和"教学环节"进行精心设计制作的微型课，其主要呈现方式是系列化、专题化的教学视频，以开放、免费为主，在线且规模大。同时，在其文章中，他阐述了我国微课的发展过程。微课现今正处于微型网络课程阶段，微型网络课程在服务和提升教师的"教"的同时，又促进和发展学生的"学"。南京师范大学张一春教授则认为"微课"是围绕某个知识点或教学环节开展的，通过精心的信息化教学设计，以流媒体形式展示的一种简短、完整的教学活动，它可以使学习者自主学习获得最佳效果。作为教师工作者，他们最关键的是要体现以学生为本的教学思想，从学生的角度去制作微课，而非教师的角度。上海师范大学教育技术系黎加厚教授这样定义翻转课堂下的微课（程）：微课程是有明确教学目标、内容短小、集中说明一个问题并且时间在10分钟以内的小课程。笔者认为微课的定义随着时代的前进在不断发展，但其核心内容都是承载学习内容的载体。

（二）微课的特点

笔者认为微课一般有以下四个优点。

1. 时间短

微视频是教学的核心之一，根据脑科学的研究，一般人的注意力集中在10分钟，因此微课授课时间一般为5~8分钟，最多不能超过10分钟。

2. 选题明确，内容少

微课一般只讲解一个知识点或一个小内容。

3. 视频容量小

视频大小一般在几十兆，格式多是能支持在线播放的流媒体格式。

4. 教学内容源于具体的教学问题

教师应设计自己所熟悉的有能力解决的问题等。

张一春教授在其《微课建设研究与思考》一文中也总结了微课的四微特点——位微不卑、课微不小、步微不慢和效微不薄，总结起来就是一句话——微课不"微"。

（三）微课的设计要素

黎加厚在《如何科学设计微课》一文中说明了微课与纸质教材之间的关系，同时指出了微课设计程序有三大要素：①选题，即课程的重难点、易错点、易漏点等，便于提高学生成绩，立竿见影；②设计，就是微课内容的结构，强调制作有创意的视频，切忌照本宣科；③制作，主要指技术方面学生是否能够看清，若学生无法看清，即使再好的内容，也无法达到效果。

（四）微课设计的注意事项

微课的质量直接影响学生的学习效果。微课视频并不是独立于课堂教学的，要与其他教学环节相结合，要考虑学生的原有知识水平等方方面面。微课设计要注意以下事项。

①时刻谨记视频观看者是学生。与传统课堂讲解不同，微课需创造一对一的教学情境。

②不能轻易跳过教学环节。即使很小的步骤，也应充分展示。

③视频中应有教学策略。适当对学生提问，设置思考题供学生思考。

④概念教学应说清是什么而不是什么，讲解要清楚。

⑤可适当用字幕提示不容易讲清楚的部分，但不需从头到尾有字幕配合，只呈现关键词即可。

⑥微课制作细节方面，尽量保证鼠标在屏幕上静止，以免分散学生的注意力；背景与字体等搭配要合理；画面整洁，无关信息如教师头像，以及与内容无关的图片、声音等都要删除；录制环境要安静。

⑦授课结束，教师要进行总结，帮助学生梳理知识点，以便学生对知识体系进行建构。

（五）微课相关的概念界定

1. 微型学习

微型学习或微学习是近些年在成人学习和培训领域备受关注的非正式学习的一种学习模式或学习形态。它的提出是针对传统课堂学习而言的，与学习媒介终端和学习内容的微型化有密切关系。

目前关于微型学习的定义，国内外众说纷纭。

（1）国外：

①微型学习是时间较短的、处理比较小的学习单元的学习活动；

②微型学习是把知识分解为相互关联的微小的学习单元，使人们在日常生活中就可以进行学习的一种活动；

③微型学习是在新媒介生态系统中存在的一种基于微型内容和微型媒体的新型学习。

（2）国内：

①微型学习是把微型学习内容承载在微型媒体上的学习；

②微型学习是通过轻便的学习媒体设备实现微小学习组块的获取、存储、生产和流通，使学习者获得轻快、愉悦和满足的学习体验。

综合已有定义发现，微型学习由四个要素构成，即微学习者（不仅只是在校生，还包括各行各业的人们）、微内容（不仅是传统的教材等，还包括生活中各种能供人们学习的资源，如新闻、百度百科等）、微媒介（如平板电脑、手机、随身听或者微信、微博等软硬件）、微环境（包括有线无线设备、学习者之间就学习内容的互动等）。

笔者认为微学习与微课程之间并不是完全独立的，微课程可以说是微学习的一种，微学习可用微课程的形式展开。

2. 微格教学

微格教学是一种培训师范生和在职教师教学技能的系统方法，只不过其手段利用了现代化技术。微格教学的教学环境是缩小了的、可控制的。微格教学时长一般控制在 5~10 分钟，在这几分钟内，它要求教师或者师范生将一节课的教学内容进行浓缩，并能使学生听懂。微格教学虽时间短，但其内容仍然充实，教学环节依然完整。

微格教学广泛应用于我国师范生职前培训中，师范院校一般都建有微格教室。微格教学设备分主控室和微格教室。主控室包括计算机、主控机、摄像头等，既可控制微格教室中的摄像头和镜头，还可与微格教室中的人员进行通话，也可向微格教室播放视频等，能将微格教室的实况进行转播，更可进行录制作为课后讲评等。微格教室包括分控机、摄像头等教学设备，可控制本室的摄像系统、录制声音图像等，便于课后进行评估。

微格教学将理论与实践相结合，有利于学生发挥主体作用，培养学生创造性思维。

第三节　翻转课堂有效教学设计

一、翻转课堂下高中数学微课存在的问题与解决策略

（一）翻转课堂下高中数学微课存在的问题

微课作为翻转课堂教学的重要组成部分，微课的质量直接影响翻转课堂的实施效果。笔者通过对一线教师访谈调查和查阅相关的文献，整理出高中数学微课存在的一些问题。

1. 一线教师对微课的误解

（1）微课＝赛课。很多一线教师在提到微课时，首先想到的是"赛课"。因为这些教师并没有进行过翻转课堂教学，但参加过教学比赛，网上的一些优秀微课资源大多是在微课大赛网站上展示的，所以造成了这种误解。

（2）微课＝课堂。这种误解也比较常见，一些专家和教师在点评微课时会出现"重点不突出""缺乏师生互动"等词汇。微课并不是真正的课堂，而是一种在线资源，针对一个知识点进行讲解，所以此处没有重点与非重点之分。微课并非面授课，因此教师与学生的互动不应作为点评标准。

（3）微课＝微视频。严格来讲，微视频是微课的一种载体，是微课的传播手段，二者并非同一概念。微课与传统的录播课视频也有区别：传统录播视频多是课堂实录，无法更改，与教学无关因素较多；微课则更集中于某一个知识点的"碎片化"学习，体现学生自主学习的能力。

（4）微课＝多媒体课件开发。一些学者将多媒体课件开发过程中总结的经验、规律搬到微课上，这显然是行不通的。例如，有些专家认为微课中不应加入背景音乐，音乐会影响学生的注意力，虽然多媒体课件中有这个要求，但是微课学习并非常规课堂教学，没有那么多时间，只有几分钟，恰恰需要一些元素来吸引学生的注意力。

2. 微课形式单一，缺乏创新

近年来，各大教育投资公司、教育机构都推出了在线微课教学，但微课形式比较单一，缺乏创新。这些微课中，教师多以讲授者的身份将教学的重点、难点传递一遍。在一些微课比赛的网站上，我们可以看到初中和小学数学教师制作的微课，其在讲解一些图形和定义时是以讲故事的方式呈现的，这样做可以让学生在轻松愉悦的环境中学到知识。然而，这样的例子毕竟是少数的，高中数学教师一般不会在课堂中加入娱乐性的元素，而且从一定程度上讲，高中学生的自觉性、独立性、注意力集中性等比初中学生要稳定许多，教师确实不需要加入过多情境性的内容来吸引学生。教师如果一味地采用"教师讲、学生听"的形式，那么只是将传统课堂教学呈现形式搬到了网上，没有创新之处，教师费时费力，学生还很容易对微课失去兴趣。因此，数学教师应适当地在微课中设置一些有意义的问题，加入一些数学文化内容来满足学生的学习需求。教师如何做出好的微课，让微课变得轻松有趣、有吸引力，这值得思考。

（二）翻转课堂下高中数学微课问题的解决策略

如何解决以上问题？我们有没有一些行之有效的策略呢？笔者结合一些文献和胡铁生、王佑镁教授等的讲座信息，以及笔者进行的翻转课堂实践研究，总结出以下五条。

①对教师进行培训，让一线教师对微课的概念、制作方法和注意事项等有所了解，促使教师对微课理论知识的学习，提供给教师优秀的微课案例让其进行观摩赏析。

②提倡团队分工合作，毕竟集体的智慧好过个人单打独斗。数学教师可与信息技术教师进行合作，克服技术难题。

③提升教师运用教育技术的能力。

④学校给予支持。高中一线教师压力大，教学任务重，制作微课实施翻转课堂教学对教师提出了更高的要求，学校应给予资金、人力等支持。

⑤与其他实施翻转课堂教学的学校建立联盟，共享优质微课资源等。

第四章

学科核心素养下的高中数学教学模式探索

第一节 核心素养及数学素养的基本概述

一、核心素养

(一) 核心素养的内涵

1. "双基""三维目标"与"核心素养"的提出

1952年,教育部颁发的《中学暂行规程(草案)》首次明确提出"双基"的概念,到20世纪末,"双基"要求一直是核心的课程理论,"双基"强调基本知识和基本技能的课程理念。它影响深远,我们如今的中小学课堂也有它的影子。2001年,教育部颁发的《基础教育课程改革纲要(试行)》提出,将"三维目标"作为国家课程标准,这标志着新课程体系的开始。"三维目标"更加注重具有方法论意义的学习方式和学习能力,更加关注学生情感、态度、价值观这些品质的发展。"三维目标"强调知识与技能、过程与方法、情感态度与价值观,它们在教学中是不可分割的一个整体,只是划分为三个维度来解释。"三维目标"体现了学生要全面和谐发展、个性发展和终身发展的理念。

目前，新课程改革效果并不是特别显著，"三维目标"虽然已经十分科学合理，但是它的表述比较笼统，实施起来难以落实，我国参考国外改革成果和本国课程改革经验，于2016年9月正式发布核心素养教育目标研究成果，该研究成果确定了核心素养结构框架。核心素养结构框架从学生未来的工作和生活层面规定了教学目标，它分为文化基础、自主发展、社会参与三大部分，更详细具体地体现了现代化素质教育的理念。

2. "双基""三维目标""核心素养"的联系与区别

"双基""三维目标""核心素养"是一脉相承的。"双基"的提出与当时社会整体的经济实力和生产状况息息相关，那时的工业还不是很发达，而工业发展需要有知识、有技能的人才，所以我国对学生基本知识和基本技能的培养特别重视。后来，社会整体的经济相对发达，生产力达到一定水平，新兴职业出现，只具备基本知识与基本技能的人才已经不能满足社会的需要，因此教育提倡注重过程与方法、情感态度与价值观的培养，注重人才综合素质的提升，以便人们能胜任各种职业。现在，在新的大环境下，"核心素养"这一教学目标出现，核心素养强调文理学科所具备的综合素养，还强调人在社会生活中所具备的人际交往能力、自学能力、实践能力、国际理解力等。核心素养是对学生应具备的素养全面而又详细的表述。总体来说，无论是"双基"，还是"三维目标"，或者是"核心素养"，它们都是教育对人才培养的要求，而人才培养的规格随时代的社会发展而变化。

3. 核心素养的定义

核心素养主要指为了实现终身发展和满足社会发展需要，学生应该具备的品格和关键能力。我国于2016年9月确定了核心素养结构框架，其以"全面发展的人"为核心，分为文化基础、自主发展、社会参与三大部分，这三大部分具体表现为人文底蕴、科学精神、学会学习、健康生活、责任担当、实践创新等六大素养，这六大素养又进一步具体细化为十八个基本要点，然而这些要素并不是独立的,而是相互协调、相互促进、共同发展的。目前,我国正在根据这一总体框架,制定针对不同年龄段学生的核心素养内涵、具体的课程实施策略以及课程质量的评价体系。我国通过培养学生的核心素养从而培养全面发展的人。核心素养具体分为以下几方面。

(1)文化基础

文化是人存在的根和魂。文化基础,重在强调能习得人文、科学等各领域的知识和技能,掌握和运用人类优秀智慧成果,涵养内在精神,追求真善美的统一,有宽厚文化基础,有更高精神追求的人。文化基础分为人文底蕴和科学精神两方面。

人文底蕴主要是学生在学习、理解、运用人文领域知识和技能等方面所形成的基本能力、情感态度和价值取向。其具体包括人文积淀、人文情怀和审美情趣等基本要点。要点一:人文积淀是指古今中外人文领域基础知识和成果的积累,人能理解和掌握人文思想中所蕴含的认识方法和实践方法等。要点二:人文情怀是指人具有以人为本的意识,尊重、维护人的尊严和价值,关切人的生存、发展和幸福等。要点三:审美情趣的内涵主要是指人具有艺术知识、技能与方法,能理解和尊重文化艺术的多样性,具有发现、感知、欣赏、评价美的意识和基本能力,具有健康的审美价值取向,具有艺术表达和创意表现的兴趣和意识,能在生活中拓展和升华美。

科学精神主要是学生在学习、理解、运用科学知识和技能等方面所形成的价值标准、思维方式和行为表现,具体包括理性思维、批判质疑、勇于探究等基本要点。要点四:理性思维包括崇尚真知,人们能理解和掌握基本的科学原理方法,尊重事实和证据,有实证意识和严谨的求知态度,逻辑清晰,能运用科学的思维方式认识事物、解决问题、指导行为等。要点五:批判质疑指具有问题意识,能独立思考、独立判断,思维缜密,能多角度、辩证地分析问题,做出选择和决定等。要点六:勇于探究指具有好奇心和想象能力,人们不畏困难,有坚持不懈的探索精神,并大胆尝试,积极寻求有效的问题解决方法等。

（2）自主发展

自主性是人作为主体的根本属性。自主发展，重在强调能有效管理自己的学习和生活，认识和发现自我价值，发掘自身潜力，有效应对复杂多变的环境，成就出彩人生，发展成为有明确人生方向、有生活品质的人。自主发展分为学会学习和健康生活两方面。

学会学习主要是学生在学习意识形成、学习方式方法选择、学习进程评估调控等方面的综合表现，具体包括乐学善学、勤于反思、信息意识等基本要点。要点七：乐学善学指学生能正确认识和理解学习的价值，具有积极的学习态度和浓厚的学习兴趣；能养成良好的学习习惯，掌握适合自身的学习方法；能自主学习且具有终身学习的意识和能力等。要点八：勤于反思指学生具有对自己的学习状态进行审视的意识和习惯，善于总结经验，能够根据不同的情境和自身实际，选择或调整学习策略和方法等。要点九：信息意识指学生能自觉、有效地获取、评估、鉴别实用信息，具有数字化生存能力，主动适应"互联网+"等社会信息化发展趋势，具有网络伦理道德与信息安全意识等。

健康生活主要是学生在认识自我、发展身心、规划人生等方面的综合表现。其具体包括珍爱生命、健全人格、自我管理等基本要点。要点十：珍爱生命指学生能理解生命意义和人生价值，具有安全意识与自我保护的能力，掌握适合自身的运用方法和技能，养成健康文明的行为习惯和生活方式等。要点十一：健全人格指学生具有积极的心理品质，自信自爱，坚韧乐观，具有自制力，能调节和管理自己的情绪，具有抗挫折能力等。要点十二：自我管理指学生能正确认识与评估自我，依据自身个性和潜质选择适合的发展方向，合理分配和使用时间与精力，具有达成目标的持续行动力等。

（3）社会参与

社会性是人的本质属性。社会参与，重在强调能处理好自我与社会的关系，遵守道德准则和行为规范，增强社会责任感，有创新精神和实践能力，有理想信念、敢于担当的人。社会参与分为责任担当和实践创新两方面。

责任担当主要是学生处理与社会、国家、国际等相关的情感态度、价值取向和行为方式。它具体包括社会责任、国家认同、国际理解等基本要点。要点十三：社会责任包括自尊自律、文明礼貌、诚信友善、宽和待人，孝亲敬长，有感恩之心，热心公益和志愿服务、敬业奉献，具有团队意识和互助精神；能主动作为，履职尽责，对自我和他人负责；能明辨是非，具有规则与法治意识，积极履行公民义务，理性行使公民权利；崇尚自由平等，能维护社会公平正义；热爱并尊重自然，具有绿色生活方式和可持续发展理念及行动等。要点十四：国家认同指人们具有国家意识，了解国情历史，认同国民身份，能自觉捍卫国家主权、尊严和利益；具有文化自信，尊重中华民族的优秀文明成果等。要点十五：国际理解指人们具有全球意识和开放的心态，了解人类文明进程和世界发展动态；能尊重世界多元文化的多样性和差异性，积极参与跨文化交流；关注人类面临的全球性挑战，理解人类命运共同体的内涵与价值等。

实践创新主要是学生在日常活动、问题解决、适应挑战等方面所形成的实践能力、创新意识和行为表现，具体包括劳动意识、问题解决、技术应用等基本要点。要点十六：劳动意识指人们形成尊重劳动、热爱劳动、劳动光荣等积极的劳动价值观，养成良好的劳动习惯；具有动手操作能力，掌握一定的劳动技能；在主动参加的家务劳动、生产劳动、公益活动和社会实践中，具有改进和创新劳动方式、提高劳动效率的意识；具有通过诚实合法劳动创造成功生活的意识和行动等。要点十七：问题解决指人们善于发现问题和提出问题，有解决问题的兴趣和热情，能依据特定情境和具体条件，选择制订合理的解决方案，具有在复杂环境中行动的能力等。要点十八：技术应用指人们理解技术与人类文明的有机联系，具有学习掌握技术的兴趣和意愿；具有工程思维，能将创意和方案转化为有形物品或对已有物品进行改进与优化等。

4. 关于核心素养内涵的界定

（1）张华、刘恩山、余文森等主张"要素说"。张华认为，核心的内涵是指普遍性，核心素养适用于一切情境和一切人的普遍素养。刘恩山认为核心素养是跨越学科的，强调对个体最有用的，各个学科均可以发展的素养。余文森认为核心素养是最基本且具有生长性的关键素养，好比高楼大厦的地基，它决定楼的高度。核心素养的生成具有关键期，错过了就很难弥补。

（2）李艺和钟柏昌等主张"层次说"。他们认为基础教育核心素养包含双基指向、问题解决指向以及科学（广义）思维指向。双基指向是最底层的，以基础知识和基本技能为核心；问题解决指向为中间层面，以学生在解决问题过程中获得的基本方法为目标；科学（广义）思维指向是最上层的，以学生在各学科学习中形成的思考问题、解决问题的思维方法和价值观为目标。关于核心素养，上述学者大多认为核心素养是一种最基本、最普遍的素养，对个体的学习、身心发展以及社会发展等方面都能发挥基础性、关键性的作用。

（3）国际上关于核心素养内涵的认识。国际经济合作与发展组织关于核心素养提出了三个维度，分别是学生能够能动地使用工具，学生能在异质群体中互动，学生能自律自主地行动。欧盟认为核心素养主要涉及八方面：母语、外语、学习能力、信息素养、数学与科学技术素养、公民与社会素养、创业精神及艺术素养。联合国教科文组织在题为"走向终身学习——每位儿童应该学什么"的报告中，提出了"身体健康、社会情绪、文化艺术、文字沟通、学习方法与认知、数字与数学以及科学与技术"七个维度的核心素养。美国21世纪技能联盟制定的"21世纪技能框架"规定了"学习与创新技能、信息媒体与技术技能、生活与职业技能"三项技能领域。加拿大魁北克地区的教育体系认为核心素养包括认知素养、个人与社会素养、方法性素养以及沟通素养四项。在联合国教科文组织《发展教育的核心素养：来自一些国际和国家的经验和教训》一书中，核心素养的定义是使个体过上他想要的生活和使社会能够良好运行所需要的素养。从以上表述来看，各方都从自身国情出发，以时代需要、社会发展及人的全面发展为导向制定核心素养框架。

5. 关于核心素养的实践

国内关于核心素养的实践主要集中在课程改革方面。辛涛等人认为，我国应该建立核心素养模型，在核心素养选择上应该注重一贯性、发展性和时代性；核心素养的构建应该征求相关者的建议；核心素养与教育改革发展的关系应该得到妥善处理。朱小蔓提出，对学生核心素养的发展来说，分科教学和课程整合应该齐头并进。国际关于核心素养的实践不仅与课程改革相结合，还涉及与课程体系之间的关系、模式等。国际关于核心素养实施的研究分三个层次。首先，实施核心素养需要国家层面给予支持和指导并制定相应的教育方针与政策。法国于2006年颁布了《共同基础法令》，其将核心素养与课程目标结合，保障与规范了核心素养的实施。此外，还有芬兰颁布的《国家基础教育核心课程2014》、匈牙利颁布的《国家核心课程》，这些都对培养学生的核心素养提出了要求。其次，核心素养在课程设置上应该多样化。国际社会实施的核心素养课程形态中既有独立学科形式，又有学科课程形式，更有将核心素养贯穿整个课程体系的形式。最后，我们应将传统性课程和现代化核心素养统一整合。

（二）高中数学核心素养与"双基""四基"的关系

"双基"是使学生获得现代科学的基础知识和基本技能，"四基"是使学生掌握基础知识、基本技能、基本思想与基本活动经验。可以看出，"四基"包含了"双基"，并在"双基"的基础之上有所发展。笔者认为，培养学生的高中数学核心素养与培养学生的"双基""四基"的不同在于，"双基""四基"要求的是培养学生对数学基础的掌握，没有给出明确的培养目标与方向，而高中数学核心素养六要素在"四基"的基础上明确了培养学生的方向与目标。"双基""四基"仍然没有摆脱知识本位的课程观，"双基"教学侧重知识的积累，"四基"教学侧重学生经验的积累，在教学过程中依然存在强调知识传授的倾向，注重课程标准重于内容标准，它们是重视学习结果的教学。高中数学核心素养的提出力图改变教育现状，变"课程育人"为"育人为本"，课堂从注重知识的传授到关注学生的个人发展，从以教师为主到以学生为主。数学核心素养的培养思考的是学习了数学之后，到底给学生留下了什么，教师对学生的成长做出了哪些特殊的贡献。

"双基"以基础知识和基本技能为核心内容，要求学生的基础知识扎实，基本技能熟练，但是慢慢就"走偏"了，知识扎实全靠记忆，技能熟练全靠练习，这样得来的知识与技能来得快，丢失得也快。所以，核心素养的提出，就是要教给学生一些让他们终身受益并留下来的东西。"四基"的提出在"双基"的基础上添加了基本思想与基本活动经验。高中数学核心素养的六要素是对学生数学学习与运用掌握的高度与广度的一个拔高。比如，如果"双基""四基"是建筑高楼大厦所必需的基石，那么高中数学核心素养的六要素就是钢筋与水泥，这样使高楼大厦更坚固。基石决定了高楼大厦的稳固性，钢筋水泥决定了高楼大厦的高度。所以，高中数学核心素养与"双基""四基"是一脉相承、共同发展的。

（三）高中数学核心素养与数学能力之间的关系

数学能力是指一种特殊的能力，是顺利完成数学学习活动、数学研究活动必须具备且能直接影响其活动效率的一种个性心理特征。它是指在学习、研究、发现数学知识和运用数学知识来解决数学问题的活动中，同其他问题、符号、方法和证明结合起来的能力，也是在解数学的（或类似的）课题时能应用它们的能力。

在理论上，通过对数学核心素养与数学能力概念的分析，可以看出，数学核心素养与数学能力是有交叉关系的。关于数学核心素养的研究，有关学者还曾提出数学核心素养具有综合性、阶段性以及持久性的特点。综合性是指数学核心素养是数学核心知识、核心能力、数学思考与数学态度等的综合体现。可以看出，在内涵上，数学核心素养比数学能力的含义更广泛，数学能力属于数学核心素养的一部分。所以，数学核心素养是数学能力的拓展与延伸。

在实践上，数学能力既可以通过先天得来，也可以通过后天的培养形成。数学核心素养是通过后天的培养形成的，它是通过教育者有意识地对教育进行规划、设计与培养，通过教师的教学、学生的学习以及在此期间教师长期对学生有意识地引导而使学生获得的。所以，数学核心素养的培养，并不妨碍学生数学能力的培养，二者是相互促进、相辅相成的。

（四）高中数学核心素养与素质教育之间的关系

素质教育以全面提高个体的基本素质为目的，尊重个体的主体性和主动精神，以个人的性格为基础，注重开发个体的智慧潜能，以形成个体的健全个性为特征。

1. 从内涵上来说

对比素质教育与高中数学核心素养的内涵，不难发现，两者不仅不存在冲突，而且是相辅相成的。素质教育注重的是人的整体基本素质发展，是为个体未来做人与发展奠定基础的教育。高中数学核心素养的发展是要在继承素质教育的基础上，使个体基本素质得到进一步的深入发展。

2. 从实践上来说

素质教育以提高人的根本素质为目标，着重培养学生的创新精神和实践能力，旨在造就有理想、有道德、有文化、有纪律以及德、智、体、美、劳全面发展的社会主义事业建设者和接班人。高中数学核心素养旨在培养个体具有数学基本特征的思维品质和关键能力。在具体实践中，素质教育是培养学生全面发展，高中数学核心素养是针对数学学科特点进行培养，但并不是脱离素质教育来谈高中数学核心素养，而是在素质教育全面发展的基础上进行有针对性的深入与拓展。从培养方式上来说，二者均是需要通过后天的培养，以及教育机构与教育者有意识地对教育进行规划、设计与实施，再经由正规的课程教学，通过教师的教学、学生的学习以及在此期间教师对学生有意识的教育引导，使学生综合素质得到整体提升的一种教育。所以，二者并不存在培养与发展上的矛盾与冲突，相反它们是一种继承与拓展的关系。

二、数学核心素养

（一）数学学科核心素养的内涵

汉英双解词典中"素养"的释义是"平日的修养"，如果将这两个字进行拆分，"素"原本指"白色"或"本来"，后来引申为"本来的，向来"。"养"的本义为"生活资料或基本费用的供给"，后来引申为"培育"，通过以上对"素养"一词的分析，可以看出"素养"是一个人平日里的基本修养，应该包括通过先天以及后天训练、实践而获得的技巧或能力，具体包括个体的知识与技能、品德与观念、思想与方法等。总之，"素养"是一种应对社会所必须具有的各种能力的综合体，包含知识、技能、情感、态度和价值观等。个人在发展的过程中需要多种素养，进而可将素养分为一般素养和核心素养，而对"核心素养"的理解，目前有两种比较有代表性的观点。第一种观点认为，核心素养就是基础素养，核心就是基础。比如，余文森教授明确指出："核心素养是素养系统中具有基础性的成分，是人进一步成长的基础和可能，是人进一步成长的内核。"[1] 成尚荣研究员认为，"所谓核心，指向事物本质，对事物全局起支撑性、引领性和持续促进发展的作用"[2]。从这一角度来理解，他们认为核心素养之"核心"应当是基础，是起着奠基作用的品格和能力。第二种观点认为，核心素养就是人的全面发展，人的各方面得到充分的、自由的发展就是核心。按照官方的说法，核心

---

[1] 余文森.核心素养导向的课堂教学[M].上海：上海教育出版社，2017：1.
[2] 成尚荣.基础性学生核心素养之"核心"[J].人民教育，2015（7）：24-25.

就是全面贯彻党的教育方针，贯彻以德治国的根本任务，最终实现人的全面发展。例如，中国学生发展核心素养研究课题组的负责人在回答记者提问的过程中就指出："在价值定位方面，核心素养是党的教育方针的具体化，是连接宏观教育理念、培养目标与具体教育教学实践的中间环节。党的教育方针通过核心素养这一桥梁，可以转化为教育教学实践可用的、教育工作者易于理解的具体要求，明确学生应具备的必备品格和关键能力，从中观层面深入回答'立什么德、树什么人'的根本问题，引领课程改革和育人模式变革。"① 综合以上对核心素养的分析，笔者认为核心素养是人们普遍需要的能力和素养，不只是着眼当前发展所需要的能力和品质。核心素养是学生素养中最关键、最重要、最核心的部分，它是当代课程改革和发展的灵魂，它进一步诠释了教育应该培养"什么样的人"，具有前瞻性和整合性。

  核心素养的培养必须依赖各学科的教学，所以学科核心素养是核心素养的延伸和落实，是指"在某学科知识和技能教学的过程中，体会该学科的思想和方法，从而形成必备的学科能力"。郝京华教授认为，学科核心素养是"核心素养"在特定学科（或特定学习领域）的具体化，是学生学习一门学科（或特定领域）之后所形成的具有学科特点的关键成就，是学科育人价值的集中体现，每个学科的核心素养也不尽相同。数学是逻辑性和应用性很强的学科，它对学生提出的要求是具有课程标准要求的数学学科核心素养。在数学新课程标准没有颁布之前，不同的学者对数学核心素养有着不同的看法。比如，马云鹏教授在论述数学核心素养时指出："数学素养是指个人为成为一个会关心、会思考的市民所需要具备的认识，以及理解数学在自然、社会生活中的地位和能力，做出数学判断的能力，参与数学活动的能力。"② 史宁中教授认为，"数学核心素养就是会用数学的眼光观察世界，会

---

① 中国学生发展核心素养研究课题组负责人答记者问［EB/OL］. 中国教育新闻网，2016-09-14.
② 马云鹏. 数学核心素养体现的是综合性能力［J］. 基础教育课程，2016（1）：7.

用数学的思维思考世界，会用数学的语言表达世界。所谓数学的眼光，本质就是抽象，抽象使数学具有一般性；所谓数学的思维，本质就是推理，推理使数学具有严谨性；所谓数学的语言，主要是数学模型，模型使数学的应用具有广泛性"[1]。

笔者认为数学学科核心素养是指学生在对数学学习的过程中，通过对数学知识和技能的理解与掌握，对思想和方法的积累与运用，能在实际的问题情境中从数学的角度去分析问题、解决问题。数学核心素养的形成有利于促进学生的全面发展，所以数学教育的终极目标是，一个人学习了数学之后，即使以后不从事与数学相关的工作，或是在已经忘记数学知识的前提下，仍然能用数学的眼光去观察世界，用数学的思维去思考世界，用数学的语言去表达世界，能通过头脑中的逻辑思维和理性思维有条理、有目的地分析和解决生活和工作中的问题。

（二）数学学科核心素养的要素

基于对数学学科核心素养的界定与分析，为了体现数学核心素养的育人功能，为了落实立德树人的任务，《普通高中数学课程标准》提出了数学学科的具体内涵，数学学科核心素养是数学课程目标的集中体现，是具有数学基本特征的思维品质、关键能力以及情感、态度和价值观的综合体现，是在数学学习和应用的过程中逐步形成和发展的。数学学科核心素养确定为数学抽象、逻辑推理、数学建模、直观想象、数学运算、数据分析六方面，这些数学学科核心素养既相对独立又相互交融，是一个有机的整体。

在数学抽象核心素养的形成过程中，学生体会从具体到抽象这一过程是如何发生的，体会具体如何转变为抽象，对数学的本质特征能够有一个概括性的认识和把握，逐步养成思考和分析问题的习惯，对其他学科和生活中遇到的问题都能分析到事物的本质。

逻辑推理是分析推理数学内部的联系与变化，这一素养的形成过程能促

---

[1] 史宁中. 学科核心素养的培养与教学 [J]. 中小学管理，2017（1）：35-37.

进学生从已知的条件推导出所要的结果，使学生对数学知识之间的联系有清楚的认识，并构建知识框架，有利于学生形成严谨的逻辑思维习惯，理性客观地对待周围的事物。

数学建模是指在数学抽象的基础上解决数学问题，可以使学生体会到数学与现实生活的联系，使学生加深对数学知识的理解，使学生尝试对问题构建数学模型，使学生运用数学知识求解数学模型，进而增强学生的创新意识。教师培养高中生直观想象的素养，有助于培养学生的发散思维，使学生从不同的角度分析并解决问题，提高学生的空间想象能力。

数据分析有利于学生从复杂的数据中提取有用的处理信息，有利于增强学生用数据表达数学问题的意识，使学生养成用数据思考问题的习惯，提高他们的数据分析能力。

数学运算素养的形成有利于进一步提高学生快速运算的能力，使其有效地去选择运算方法，不仅能培养学生解决数学问题的能力，还有利于学生养成思考问题的习惯。数学运算不仅能促进学生数学思维的发展，还有利于学生养成科学、严谨的科学精神。

(三) 数学学科核心素养的特征

根据国内外对数学学科核心素养的研究，国内学者总结了数学学科的三大特征：综合性、阶段性和持久性。

1. 综合性特征

高中数学学科核心素养集中体现了数学核心知识、数学能力、数学思想方法、数学文化、数学习惯和态度。学生在进行数学学习的过程中，除了要具备数学基础知识和基本能力外，还要学会用数学语言去描述问题，用数学眼光去看待问题，最后用数学思维去分析和解决问题。数学的核心素养依赖数学的基本知识和数学的基本能力，其外在表现形式是用数学知识解决数学问题的数学素质和态度。

2. 阶段性特征

数学学科核心素养在每个阶段所表现的水平不同。因为每个年龄阶段的学生心理和认知能力不同，学校对每个阶段的学生所要达到的数学核心素养的要求也不同，所以对同一个数学问题，不同层次、不同年级的学生会有不同的分析和解决的方法。学生的思维水平和对问题的理解程度会因年龄和知识水平的不同而有所差异，所以在不同的阶段，数学核心素养会有不同的表现。

3. 持久性特征

数学的核心素养是学生在学习和内化数学知识和技能后，形成未来生活中的关键能力和必要品质。每个学生在以后的工作和生活中都会有意和无意地从数学的角度分析问题，用数学的思维去解决问题，这是数学学科核心素养的基本体现。数学核心素养不是即时性问题，而是一项持久性活动，在学生学习的过程中形成对学生终身有益的数学素养才是数学学习的终极目标。

（四）数学学科核心素养内容的具体阐述

1. 数学抽象素养方面

"数学抽象"居于六大核心素养的第一位，对学生的数学学习和思维发展影响较大。数学抽象是指通过数量关系与空间形式的抽象，得到数学研究对象的素养。其主要包括从数量与数量关系、图形与图形关系中抽象出数学概念及概念之间的关系，从事物的具体背景中抽象出一般规律和结构，并用数学语言予以表征。[1]

数学抽象反映了数学的本质特征，是形成学生理性思维的基础。数学抽象作为数学最基本的思想过程之一，不仅仅在数学的产生过程中起了重大的作用，而且对数学的发展和应用也有不可替代的作用，这使数学成了高度概括、表达准确、结论一般、有序多级的系统。数学核心素养是在新的历史时

---

[1] 中华人民共和国教育部. 普通高中数学课程标准（2017年版2020年修订）[M]. 北京：人民教育出版社，2020：4.

期发展素质教育的大环境下，为了适应时代的要求和学生的发展而提出的。

数学抽象思维过程作为众多数学思维中最基本、最重要的思维过程，无论是对学生的日常生活还是学习发展，都有不可替代的作用和意义。在日常生活中，数学抽象能使学生从具体事物中抽象出本质特征，排除无关特征，得到所需要的信息。在数学学习中，学生形成数学概念、证明数学命题和运用数学规律都不能缺少数学抽象的思维过程。数学核心素养彼此间相互独立，又相互交融，是一个有机的整体，如"数学建模"素养是在对现实问题进行数学抽象的基础上，建构模型来解决问题。所以，我们想要在教学过程中培养学生的数学素养，就要更加重视对学生进行处于六大核心素养第一位的数学抽象素养的培养，使学生掌握抽象的规律和方法，这对学生将来的实际生活和数学学科的学习有着十分重要的作用和价值。

数学抽象的基本形式主要有两种：一是直观现实化抽象，在感性认识中，排除事物的一些性质从而得到我们需要的某些其他性质；二是概括直观化抽象，这种抽象不仅仅能够提取事物对象的一般的、本质的属性，还对题目做了相应的处理。关于数学抽象的方法，徐利治等人认为在数学的创造工作中，数学抽象是一种重要的方法。我们对数学抽象可以从数学的认识目的和抽象的程度等不同的角度进行分类，包括弱抽象、强抽象和广义抽象，并可用"数学抽象度"来反映抽象对象所具有的抽象层次性。

数学的特征及数学抽象的作用。我们知道数学有众多特征，其中最主要的三大特征是高度抽象性、逻辑严密性和应用广泛性。数学学科的特点和研究对象的性质决定了数学抽象思维是数学思维的核心和基础，所以如何培养学生的数学抽象素养成了数学教育亟待解决的重要问题。在数学学习过程中，学生只有具备了一定的思维水平和抽象能力，才能透过事物的表象看到问题的本质，最终获得事物对象的本质特征和属性。这对学生来说不仅是一个获取知识的过程，还是一个探究发展的过程，对学生所有学科的学习和自身的发展都有十分重要的作用和意义。

2. 逻辑推理素养方面

逻辑推理是指从一些事实和命题出发，依据规则推出其他命题的素养。其主要包括两类：一类是从特殊到一般的推理，推理形式主要有归纳、类比；一类是从一般到特殊的推理，推理形式主要有演绎。逻辑推理主要表现为掌握推理基本形式和规则，发现问题和提出问题，探索和表达论述过程，理解命题体系，有逻辑地表达与交流。[1]

推理的方法包括归纳法、类比法、演绎法。

归纳是指通过对特例的分析去引出普通的结论。因此，归纳法是由特殊到一般的推理方法。归纳法按照研究的对象是否完全，分为完全归纳法与不完全归纳法。完全归纳法是根据考察一类事物的全体对象，肯定它们都具有某一属性，从而做出该类事物都具有这一属性的一般性结论的归纳推理方法。它是一种严格的推理方法，由正确的前提必然能得到正确的结论，即所得的结论是可靠的，在数学中可以用来证明其他数学问题。不完全归纳法是考察一类事物的部分对象具有某一属性，从而做出该类事物都具有这一属性的一般性结论的归纳推理方法。我们需要注意的是，由于不完全归纳是由部分推广到全体，其前提和结论之间未必有必然的联系，故结论未必可靠，只能看作一个猜想，因此它不是一个严格的推理方法，不能作为一种数学证明方法，但是它却是一种发明创造的方法。数学上的许多发现都是运用不完全归纳法得出某种猜想或定理的，进而去证明判定它的真实性，如哥德巴赫猜想、欧拉公式等。

此外，中学数学中的一些概念、公式以及定理，通过不完全归纳法引出，更适合学生的年龄和知识特点，在问题解决教学中也可引导学生探索发现解决问题的思路。以现行人教版普通高中课程标准实验教科书为基准，其中有许多知识都体现了归纳法的价值。

---

[1] 中华人民共和国教育部. 普通高中数学课程标准（2017年版2020年修订）[M]. 北京：人民教育出版社，2020：5.

例如，数学必修 5 第一章的"正弦定理"即通过完全归纳法所得。首先，由直角三角形这一特殊情况入手，探究三角形的边角关系；其次，再分别讨论锐角三角形和钝角三角形的情况；最后，给出正弦定理。锐角、直角、钝角三角形构成了三角形的全部情况，所以这一探究过程采用的是完全归纳法。

又如，数学必修 5 第二章的"等差数列的通项公式"即通过不完全归纳法所得。首先，根据等差数列的定义，探究数列 $\{a_n\}$ 的前几项中每一项与其前一项之间的关系，即 $a_2-a_1=d$，$a_3-a_2=d$，$a_4-a_3=d$，…。其次，将式子转换为只含有首项 a_1 和公差 d 的形式，即 $a_2=a_1+d$，$a_3=a_1+2d$，$a_4=a_1+3d$，…。最后，通过观察归纳得出等差数列的通项公式。数列的项数并非有限，将其所有项一一列举出不易实现，只能通过列举部分对象来进行探究，该推理探究的方法属于不完全归纳法。

类比法是根据两个或两类事物在某些属性上相同或相似，推出它们在其他属性上也可能相同或相似的推理方法。简言之，类比推理是从特殊性前提推出特殊性结论的一种推理。

例如，数学教材必修 5 第二章关于数列的相关知识，等比数列的许多性质或结论（等比中项、通项公式等）都是通过类比等差数列相关性质或结论而得出的。又如，数学教材必修 5 第三章中不等式的一些性质可通过类比等式的相关性质所得。在数学的教与学的过程中，学生通过类比可将复杂的问题简单化处理，从而更好地解决问题。需要注意的是，类比推理所得的结论只具有一定程度的可靠性，其真实性还需要证明。

演绎法即演绎推理，是指从一般到特殊或个别的推理方法。只要前提可靠，用演绎法推得的结论就是完全可靠的，它是一种严格的推理方法。演绎推理的种类有很多，这里仅对数学中最为基础且应用较多的三段论演绎法进行简要介绍。所谓的"三段论"，是指从某类事物的全称判断（大前提）和一个特称判断（小前提）得出一个新的、较小的全称或特称判断（结论）的推理。

3. 数学建模素养方面

数学建模是对现实问题进行数学抽象，用数学语言表达问题，用数学方法构建模型来解决问题。数学建模主要包括在实际情境中从数学的角度发现问题、提出问题、分析问题、建立模型、确定参数、计算求解、检验结果、改进模型，最终解决实际问题。数学建模素养是数学核心素养的基本内容，是衡量学生数学应用意识与创新意识的重要指标。[1]

学界目前对数学建模尚没有一个统一的明确定义。章士藻认为，在解决生活问题时，一般不可以直接处理现实材料，我们会在抽象化和简单化现实世界的材料后构建出合适的数学模型，这个将现实问题结构化、数学化的过程就是数学建模的过程。[2] 杨启帆和边馥萍的看法是，在数学建模的过程中，学生首先立足实际问题，通过对数学知识、数学思想方法、数学定理的熟练应用将实际问题用数学语言表达出来，建立合理的数学模型并对其求解，再将求解得到的结果与现实问题进行对比检验来确定模型的合理性，在修正数学模型和检验数学模型这样反反复复的过程中找到适合现实情境的最完美的数学模型。[3] 一般来说，我们用数学语言和数学模型来表达现实世界，模型就是用一类范式来表达现实中种种繁杂的现象，现实情境杂乱无章，抽丝剥茧我们可以找到其中千丝万缕的关系和规律，用数学语言表示这种规律的过程就是数学建模。

4. 直观想象素养方面

直观想象素养是指借助几何直观和空间想象感知事物的形态与变化，利用几何图形理解和解决数学问题。它主要包括借助空间认识事物的位置关系、形态变化与运动规律；利用图形描述、分析数学问题；建立数与形的联

---

[1] 中华人民共和国教育部. 普通高中数学课程标准（2017年版2020年修订）[M]. 北京：人民教育出版社，2020：5.
[2] 章士藻. 数学方法论简明教程 [M]. 南京：南京大学出版社，2013：150.
[3] 杨启帆，边馥萍. 数学建模 [M]. 杭州：浙江大学出版社，2006：2-8.

系，构建数学问题的直观模型，探索解决问题的思路。① 就其学科价值而言，直观想象素养促进了数学问题的发现、提出，是探寻论证思路、开展逻辑推理、构建抽象结构的思维基础。就其教育价值而言，直观想象素养有助于学生将很多抽象晦涩的概念、公式、定理转化为直观、生动形象的图式，加深他们的理解和记忆。直观想象素养不仅囊括了"数形结合"的几何直观，还蕴含对事物的位置关系、形态变化与运动变化规律的空间想象，直观想象不等价数形结合，不等价几何直观，更不是空间想象，它是几何直观和空间想象的综合体，拥有丰富的内涵和价值。

沈金兴认为直观想象主要借助几何直观和空间观念感知、理解、探索和解决数学问题。② 董林伟等人将初中的十个核心概念与高中的六大核心素养做对比，指出若将初中的空间观念和几何直观两个概念进行合并后，其内涵与高中的直观想象并无明显差别。因此，他们认为直观想象就是借助几何直观、空间想象等手段来感知事物的形式和变化，运用图形来认识、解决数学问题。③ 孙宏安表示，数学素养的"直观想象"只是简缩后的并列短语，其完整内容是"几何直观"和"空间想象"，并且它们都属于人们在不同层面的认识范畴，几何直观属于认识过程，空间想象属于认识方法，二者并无冲突、对立、从属等关系，却在人的认识活动中有互动关系，即空间想象为几何直观以及从几何直观到整体把握的发展直接提供一种途径，几何直观是空间想象的认识基础。④ 这表明直观想象可以理解为几何直观和空间想象的融合和延伸。

---

① 中华人民共和国教育部. 普通高中数学课程标准（2017年版2020年修订）[M]. 北京：人民教育出版社，2020：6.

② 沈金兴. 培养直观想象核心素养的HPM视角[J]. 中学数学杂志，2017（11）：3-6.

③ 董林伟，喻平. 基于学业水平质量监测的初中生数学核心素养发展状况调查[J]. 数学教育学报，2017，26（1）：7-13.

④ 孙宏安. 谈直观想象[J]. 中学数学教学参考，2017（31）：2-5, 33.

5. 数学运算素养方面

数学运算是指在明晰运算对象的基础上，依据运算法则解决数学问题的素养。其主要包括理解运算对象、掌握运算法则、探索运算思路、选择运算方法、设计运算程序、求得运算结果等。[①]

运算是数学的基本研究对象，也是数学的一种基本思维形式。教师通过提高学生的运算能力，可以促进学生数学思维的发展，使学生形成规范化思考问题的品质，并养成一丝不苟、严谨求实的科学精神。孙宏安认为，数学运算既包括运算又包括计算。运算指的是初等代数运算，正是为了满足运算的封闭性，数系不断扩充，从自然数到整数，再到有理数、实数和复数，同时也不断引入新的运算。简单来说，算法是一个解题过程，这个解题过程由一系列运算组成，运算即是算法的步骤，这些步骤连在一起便是相关问题类的解法。[②] 沈良认为数学运算是反映集合之间元素的对应关系，本质是集合的映射[③]。二元运算和一元运算是高中数学的主要运算，两个数根据某种规则得出第三个数的运算过程称为二元运算，数的四则运算（加、减、乘、除）就是二元运算。一个已知数根据某种规则得出另一个数的运算叫一元运算，乘方运算、开方运算就是一元运算。张金良也提出集合间的映射是数学运算的本质。数字的精确计算与估算、代数式的组合与分解变形、几何图形中几何量的计算求解都是数学运算的范畴。[④] 综上所述，数学运算表示集合间的映射关系，高中数学提到的数学运算指的是代数运算。

6. 数据分析素养方面

数据分析是指针对研究对象获取数据，运用数学方法对数据进行整理、分析和推断，形成关于研究对象知识的素养。数据分析过程主要包括收集数

[①] 中华人民共和国教育部. 普通高中数学课程标准（2017年版2020年修订）[M]. 北京：人民教育出版社，2020：7.
[②] 孙宏安. 谈数学运算 [J]. 中学数学教学参考（上旬），2017，7：2-5.
[③] 沈良. 试论数学运算的理解与教学 [J]. 中学教研（数学），2019，2：1-4.
[④] 张金良. 解密数学运算，探求教学策略 [J]. 数学教学，2019，11：1-5.

据、整理数据、提取信息、构建模型、进行推断、获得结论。①

常磊和鲍建生曾经指出：数据分析素养指的是学生在运用数据分析解决问题的过程中逐步形成的依据数据表达现实问题的意识、处理和分析数据的能力以及利用数据思考解决问题的习惯。② 史宁中等人认为，首先，想要解决现实生活中的很多问题就要做调查研究；其次，要学会收集数据，然后分析出数据中蕴含的信息；再次，要知道同样的数据有多种不同的分析方法，这要看所研究的问题是什么；最后，要知道数据分析结果，上述三点是数据分析观念的三个方面。③ 因此，数据分析素养并不只包含简单的收集整理数据以及进行相关统计计算，还针对不同的情境、不同的对象，运用不同的数学方法对数据进行收集、整理、处理、分析，并且能够使学生形成对问题的认识和理解，从而进行问题的推断和运用统计语言对问题进行表达。

第二节　基于核心素养的导学案设计

一、基于核心素养的导学案设计理论根据

基于核心素养的导学案设计是实施导学案教学的出发点，它直接决定了导学案教学模式的高效性，教师要在授课前做足充分的准备工作，包括做好学情分析、合理设置教学目标和规划好上课流程等。

---

① 中华人民共和国教育部．普通高中数学课程标准（2017年版2020年修订）[M]．北京：人民教育出版社，2020：7.
② 常磊，鲍建生．情境视角下的数学核心素养 [J]．数学教育学报，2017，26（2）：24-28.
③ 史宁中，张丹，赵迪．"数据分析观念"的内涵及教学建议——数学教育热点问题系列访谈之五 [J]．课程．教材．教法，2008（6）：40-44.

（一）什么是基于数学学科核心素养的导学案

1. 基于核心素养的导学案含义

基于核心素养的导学案是教师根据课程标准、教材及学情（如心理特征、知识基础等），为指导学生进行自主学习和提高学生数学素养而编制的一种学习方案。它是教师帮助学生掌握教材知识内容、教师教学和所教学生学习之间沟通的纽带，同时也是帮助学生提高自主学习能力、建构知识能力的有效介质。

2. 基于学科核心素养的导学案与普通导学案的异同

普通导学案和基于学科核心素养的导学案，形似但内涵却有所不同，两者概念相关，后者是在前者基础上的进一步发展。从产生的背景来看，普通导学案主要是新课程改革提倡学生主体教学方式下的产物，而基于学科核心素养的导学案则顺应新课程改革的主流，重在学生的自主合作与学习能力的培养方面，意在增强学生数学核心素养。从内容上看，两者的服务对象都是高中生，但是着重点有所不同。普通导学案虽然提出以学生为主体，但是功能更多的是为教师教学服务，着眼学生掌握或理解教师所"教"知识的情况，没有真正考虑学生"学"到的知识是否内化成学生能力的问题，学生在课堂上更多的是探究机械解题做题的方法。基于核心素养的导学案意在指导学生学习以及培养学生能力，着眼学生如何学，如何促进学生高效学习，目标明确而方法灵活，关注学生把在课堂上学习到的知识内化成自己的能力，即核心素养。从作用来说，基于核心素养的导学案是学生学习的"行军图"，然而普通的导学案则是教师进行教学的蓝本。

基于学科核心素养的导学案与普通导学案都是由教师通过研读材料而编制的，但基于核心素养的导学案更关注学生把从课堂上学到的知识内化为自己的能力，关注知识到能力的过渡。普通导学案则是教师为讲授学科新知识点来编写的，二者虽本源相同，但关注的目标有所不同，具体表现在五方面。

第一，部分普通导学案主要突出教什么内容和怎么教，在教师教的过程中，主要指导教师先讲解数学学科知识内容，过程中少有学生参与，导学案的功能便与教案基本一致。基于核心素养的导学案则重在突出学生马上要学什么和怎样去学，这样使学生在学习的过程中不仅知道教师所说其然，还知道其所以然。

第二，基于学科核心素养的导学案是教师在钻研教材的基础上，在充分考虑学生现有的知识水平和认知能力的前提下，尊重学生的个体差异性，站在学生的位置上为学生制订的学案。基于核心素养的导学案引导学生按照教师所指引的方向进行学习，学生在自学后带着自己的问题走进课堂。普通导学案的编制主要强调教师所教授知识的内容和解题方法，缺少教师对学生的学法指导，没有充分为学生设身处地地考虑。所以，反观基于核心素养的导学案，教师更多地关注学生学习方法的使用和指导，有助于学生融入课堂，提高学习效率，有利于激发学生学习数学的内在动力。

第三，基于核心素养的导学案使教师可以清楚地了解学生的学习能力和知识水平，即了解学情。教师可以通过做导学案完成课前调查，有助于反映学生的学习能力，方便教师了解学情，进而方便教师在课堂上突破教学的重点、难点，弥补学生学习的弱点。普通的导学案是教师自己独立分析学情，再预设学习的方法和内容而制订的，严重脱离了学生这一主体，不易把控学生真实的学习过程。

第四，基于学科核心素养的导学案能够有效地诱导学生跟着导学案的内容进行学习，进而可以使学生了解设置导学案的意图和要学习的重点内容，大大提高了教学和学习效率。普通导学案的预设形成在教师自己的心中，学生不易了解教师的教学设计思路，从而易造成在课堂上学生都不知道教师在讲台上讲什么，更别提如何进行高效的学习活动了。

第五，关于设计时存在的问题，在普通导学案的基础上，教师在讲课时虽然是按照预设的问题对全班同学进行了提问，但是能主动回答问题的也就那几张常见的面孔，他们便成了全班同学的依赖，学生参与度低，久而久之学生便养成了不爱独立思考的习惯。在基于核心素养的导学案的基础上，教师在设计好问题后便分发给每个学生，为学生留了足够的时间和空间进行思考，从而导学案的指引作用得到了很好的发挥。正如前面所阐述的内容一样，基于核心素养的导学案是普通导学案的进一步发展和创新，教师根据学生的学情有层次地预设学生课堂学习的内容，培养学生的发散性思维和个性，有效地培养了学生善于独立思考的习惯和不断发现新问题并解决新问题的创新能力。

（二）最近发展区理论

维果茨基认为学习者能自己独立完成学习任务的水平和在成人或同伴帮助下解决问题的水平之间的差距称为最近发展区。在实际发展水平和潜在发展水平之间，教师要重视学生发展的潜在发展水平。该理论启发教师要充分做好学情调查，以学生的实际情况为教学基点，帮助学生抵达最近发展区的彼岸。教师在设计具体的教学内容时，做适当的参考会使课堂教学更加高效。比如，我们以下面的教学内容为例。

命题一："若 $\alpha>\beta$ 且 $\beta>\gamma$，则 $\alpha>\gamma$"。

命题二："若 $\S>\alpha^2+\beta^2$，则 $\S>2\alpha\beta$"。

教师应该在讲解命题一之后再让学生学习命题二，两个命题的讲解就运用了最近发展区理论，这样的教学会使学生的学习效果更佳。

（三）先行组织者策略

有意义学习理论认为学生的已有知识经验是直接影响其学习的主要要素。所以，教师在进行教学前应为学生提供一些具有概括性的学习材料，以学生能理解的方式表达。这样的学习材料就是"先行组织者"，其作用是为学习者创建新知识和旧知识的桥梁，以便学生对新知识的学习。该理论启示教师，在教学过程中要充分考虑学生已有的知识和经验，为学生准备好预习的知识材料后再进一步讲解新的内容，要起到承上启下的作用。

（四）学习动机理论

学习动机理论是指教师设置适当的教学情境，诱发学生向课程内容学习，让学习过程充满乐趣、学生充满求知欲，尤其是学生内部动机的激发有助于课堂的有效教学。数学导学案设计要能激起学生的学习兴趣，教师设置的问题情境要新颖有趣，最好能引起学生学习的兴趣或造成认知冲突，使学生产生认知内驱力。

（五）建构主义理论

建构主义认为学习的过程就是学生对知识的自我建构，教师为学生提供指导，帮助学生对所学知识进行自我建构。基于核心素养的导学案是帮助学生学习的辅助工具，可以诱导学生进行自主学习且系统地掌握和理解所学的知识内容。学生运用基于核心素养的导学案，可以有效地建构学科知识架构体系。此外，基于核心素养的导学案着眼于学生合作探究来获得新知识，各个教学环节紧密相连，知识层层递进，其是学生进行知识构建的有效载体，也为教师的教学和学生的学习搭建了合作的平台。

（六）人本主义理论

人本主义教育把教育的目的归于能满足个体自我发展的要求，认为学生是不断发展中的人，教育教学活动都必须以学生为中心，包括教师和学校皆要为学生的终身发展而服务。学生具有无限发展的潜力，基于核心素养的导学案教学为学生创设了一个良好的学习环境，学生在学习需要的知识的同时，还可以将学习的新知识和已有的知识联系起来。

基于核心素养的导学案内容需要注重问题设计的趣味性，其可以将教学内容与时事政治或与学生已有的生活经验相结合，发掘对学生个人成长有益的教学情境问题，为学生的终身学习和发展助力。

二、基于核心素养的导学案设计工作

设计好基于核心素养的导学案是教师课堂教学的第一步，教师在课堂上要充分利用好导学案,它直接关系学生课堂学习的效果。教师根据学情调查了解学生的认知水平,并依据课程标准要求,将课本中的知识内容设置成适当的教学情境,要充分体现学生的主体地位,让基于核心素养的导学案更好地服务于学生课堂上的学习活动,使学生将所学的知识转换为内在能力。

(一) 查阅有关导学案和数学学科核心素养的资料

首先,教师要实施基于核心素养的导学案教学模式,要了解什么叫作导学案和核心素养。其次,明确如何编制导学案,在编制导学案时怎样合理预设教学流程,以及在教学过程中如何培养学生的数学核心素养等。所以,基于核心素养的导学案设计准备工作要求教师要查阅有关导学案和数学学科核心素养的资料,做好基础知识准备工作。

(二) 了解学情

教师在授课前必须了解学生的知识水平、自学能力以及对所学学科的学习兴趣等。根据学情分析,教师大致了解学生的学习情况,再以此为依据设计有针对性的基于核心素养的导学案的教学内容。另外,教师要仔细分析教材内容,包括知识点之间的联系和顺序等,运用螺旋式教学方式设计不同层次的教学情境问题,照顾学生的个体差异并做到因材施教。

(三) 梳理知识系统

在课前,学生已经完成基于核心素养的导学案的自我学习,教师在审阅该导学案后对学生暴露的问题已有了初步的了解,故课堂上教师可依据教学的重点、难点和学生难以理解的内容进行重点讲解,帮助学生厘清数学知识,进一步提升能力。高中数学教材逻辑性强、概念高度抽象,学生虽然难以理解,但它仍是目前学生学习数学知识的主要资料。因此,在设计基于核心素养的导学案时,教师要灵活运用数学教材,厘清其中知识点之间的关联,当然必要时教师也可以根据学生学习的实际情况调整教学内容,以便适应学生的实际学习情况。

(四) 找准教学切入点

基于核心素养的导学案中的情境创设是学生建构数学知识的纽带,有意义的教学情境问题有助于启发学生脑海中的知识经验，让学生自我建构知识并赋予新知识某种含义，让学生运用原有知识经验同化新知识。基于核心素养的导学案在设计情境问题时，要注意寻找教材内容与实际生活的缝隙，找准教学切入点，使教学过程一环紧扣一环，从而让学生对学习新知识充满兴趣，并形成内部永久的学习动力。形成持久的学习内部驱动力后，学生才会体会到数学学习过程中"山重水复疑无路，柳暗花明又一村"的乐趣。

教师在编制导学案时找准命题，判断教学切入点，运用学习动机理论进行恰当设问，引导和帮助学生理解命题的判断，使学生实现最近发展区的过渡，从而提高学生的自我学习能力。

三、基于核心素养的导学案设计原则、构成要素和模式

（一）设计原则

1. 主体性原则

主体性原则指教师在设计基于核心素养的导学案时要凸显学生的主体性，明确学生学习过程中的主体地位，并从学生的角度设计基于核心素养的导学案。它的设计和使用始终都以学生为主体，并为学生服务，而且要求教师将课堂充分让给学生，体现学生是学习中的主人翁。

2. 指导性原则

学生只有了解在即将展开的新课中自己要学些什么内容，才能更好地安排自己的计划，并组织好学习。要发挥好基于核心素养的导学案的作用，教师就需要将明确的学习目标，具体的学法指导和新课的重点、难点等教学内容在导学案里统筹起来。

注重学生学习的主体地位不等于完全让学生自学，完全没有教师的指导。在实际的教学中，有很多环节需要教师，教师的作用是不可或缺的。比如，在讲解新知识时，教师要提供合理的情境问题，提供解决该问题的思考方向和方法，帮助学生结合生活的经验分析并解决问题等。

3. 分层性原则

教师根据最近发展区的理论来进行问题的设计，实施分层诱导。教师设计情境问题时要照顾到每一个学生的特殊需求，使每一个学生都得到进一步的发展和提升，做到个性化教学。基于核心素养的导学案设计难度应以中等难度为宜，对不同层次的学生分层设置教学情境，让每一个学生都得到最大限度的进步，这样教师才能照顾到所有学生的发展。

4. 问题情境化原则

教师创设的情境问题要具有驱动性，难度也要有适当性，方便学生接受，从而有效地激起学生的学习兴趣，让学生通过努力后可以解决教师提出的问题。教师切忌让学生生搬硬套、死记硬背课本上的知识概念，所以教师的提问要设在关键处，让学生在解决问题后自身的能力得到增强，思维得到拓展。

(二) 构成要素

基于核心素养的导学案主要有六部分，核心内容主要有学习目标、测验预习、新课探索、课堂检验、能力升华、当堂小结。当然，教师可以根据实际的情况做适当的改变。

1. 学习目标

学习目标是教师根据课程标准的要求，建立在知识结构框架上，用来衡量学生知识掌握和理解程度而制定的，具体包括知识技能、过程方法、情感态度和价值观三个维度。学习目标表述要清晰，观点要明确，能够检验学生学习成果。例如，"平面向量基本定理"一课讲解的学习目标可设置为以下三个维度。

知识技能：学生掌握平面向量基本定理及其含义；能用平面向量基本定理解决问题，培养抽象概括的能力。

过程方法：学生利用几何画板软件，在"做"数学中经历知识的建构过程。学生了解平面向量基本定理的推导流程，感受从特殊到一般的数学思维模式。

情感、态度与价值观：学生树立数学与实际生活紧密相连的理念，养成探索求知的学习习惯。

2. 测验预习

测验预习意在检验学生的预习效果，有助于学生更好地学习新知识。教师在备课时，要把本课突出的重点、难点在基于数学核心素养的导学案里清晰明确地给学生展示出来，同时还要把重点、难点明确地标注和清楚地描述出来。

3. 新课探索

新课探索是授课的核心部分，教师在设置基于高中数学核心素养的导学案中的合作探究部分时需要进行细致的安排和设计，辅之以必要的指导点拨，激励学生积极参与新课的探索。探索的过程有助于学生感受成功的喜悦和学习的乐趣。

4. 课堂检验

课堂检验是对课堂上教师讲授过的知识和内容进行巩固，做练习题即可，切不可满堂练。在检验过程中，教师要帮助学生进行知识点归纳和总结，突破本堂课的教学重点、难点，要注意在面向全体学生的同时也要关注学生的差异性。

5. 能力升华

能力升华主要针对不同学生的情况提升能力，一般包括两部分内容：自主探究和合作探索。学生通过自我归纳和总结来理解知识的形成过程，将所学的知识内化为自身的能力，进而提高自身的综合素质。小组的合作探索可以有效培养学生的团队协作能力，以及提高学习的效率，能有效达到共同进步的学习目标。

6. 当堂小结

当堂小结是为教师而设计的，教师总结整节课的学习内容，有助于学生系统地掌握知识的结构，也有助于教师提高自身的教学水平。

（三）导学案的一般模式

目前，比较普遍的导学案模式包括框架式、格子式和综合式三类，不同的类型具有各自鲜明的特点，教师可以根据实际的设计要求选择不同的版式，具体的结构如下。

1. 框架式导学案

框架式导学案的特点是将学生的学案和教师的导案相统一起来，导学案两侧边设有教师和学生的笔记栏，有利于学生补充要点和归纳知识点，也有利于教师记录课堂中出现的问题等，有利于下堂课的改进。

2. 格子式导学案

格子式导学案具有各部分内容清晰、教学流程框架完整、版面工整规范的特点，但是容易造成各部分的知识支离破碎、衔接不当。

3. 综合式导学案

综合式是整合各种类型的导学案重要部分而组成的，形式上比较灵活，教师可以根据实际需要做适当的增减。它最能考验教师编制基于核心素养的导学案的功底，比较适合高年级且成绩较好的班级使用。

四、典型数学课型的基于核心素养的导学案设计

在高中数学学科教学中主要有新讲课、温习课和评论课三种类型。无论哪种课型，基于核心素养的导学案都应该包含课程流程的基本环节，包括情境引入、讲解测评和总结归纳等，只是在实施的过程中教师的关注点不同，实施授课的方法也不尽相同。

（一）基于核心素养的新讲课导学案设计

学生学习新的知识总是要经历知识的同化、顺应和再平衡三个阶段，情境问题的预设要运用维果茨基最近发展区的相关理论。新讲课导学案侧重新旧知识意义的建构，教师要关注以下三方面。

1. 知识的意义构建的基础是学情分析

基于高中数学核心素养的新讲课导学案是以学习新知识为关键目标的，在这个过程中，学生将学到的新知识融入已有的知识体系当中，所以教师要提供适当的教学情境，了解学生的知识水平和认知能力，尽可能地让学生结合自己已有的知识经验有意义地建构新知识。

2. 掌握核心知识，理解是关键

新授课堂上学习的新知识对学生而言是全新的，数学教科书的表述充满抽象，学生很难透彻理解，所以教师在授课过程中要关注学生对新知识的掌握情况，来完成基于核心素养的导学案的教学目标。

3. 积极思考，升华思维

基于高中数学学科核心素养的导学案始终关注学生的终身发展，它是一种教学的资源，也是知识的呈现方式。学生在学习高中数学课程后，开阔了视野，增强了数学洞察力和创新力，学到了智慧并提升了素养。

除此之外，教师还要做到在教学中时时刻刻紧扣高中数学课程标准的要求，尊重学生学习的主体地位，并积极地关注学生分析与解决问题能力的发展，关注学生将知识内化为自身能力的过程，从不同的视角和形式创设问题情境。

（二）基于核心素养的温习课导学案设计

不同的温习环节侧重点有差异，第一次温习关心知识的系统化，第二次温习则关注能力提升和方法点拨，第三次温习主要针对学生考试内容的全面锻炼。在实际设计的过程中，教师还应当注意以下内容。

1. 整合知识并总结规律

很多教师在数学温习课中总是课本知识的贡献者，学生总是受赠者，教师给什么学生就接受什么，在这种教学模式的前提下，学生的学习主动性往往很差，学生缺乏参与感。基于核心素养的导学案放权给学生自己，让他们去把新、旧知识串联起来，归纳知识点并从中发现疏漏，有助于学生再将知识系统化。

2. 着眼考点提升能力

教师在吃透教材和充分解读了数学课程标准的条件下，主动地研究历年的高考真题，发掘每一年命题的特点，把握高考命题新趋势，并有针对性地将类似的题目编入基于核心素养的导学案的达标检验部分，以此来让学生感知高考命题的新规律，再加以强化，使学生做到面对高考胸有成竹。

3. 立足实践，开阔眼界

温习课导学案应关注学生创造性解决实际问题的能力，将数学知识运用于生活中，进一步培养学生的发散思维和创新思维。导学案将学生之前学过的线性规划问题与命题的判断相结合，很好地锻炼了学生的思维能力，充分拓宽了学生的视野，让学生学会把不同的知识点串联起来。把线性规划和不等式的知识内容结合起来考查命题的真假性判断，是一种很好的创新题型。

(三) 基于核心素养的评论课导学案设计

评论课导学案的设计主要是学生考试测验后教师对学生学习情况的讲评和归纳总结。现在有很多的教学网站可以帮助教师分析试题的难易程度和学生的失误情况，为教师提供一定的参考价值，同时在讲解中让学生自主发现知识的缺漏并及时总结弥补。在讲评课中，教师要帮助学生进行正确的归因，改进学生学习的方法，使学生继续保持优秀的方面，让学生不要气馁、戒骄戒躁，进而培养学生学习的内部驱动力。基于核心素养的高中数学评论课型导学案设计要注意以下三方面。

1. 精准掌控学情才能合理预设目标

教学目标是一堂课的出发点，也是一堂课的归宿。教师要设计出好的评论课教学目标，必须在制定学习目标前分析试卷的情况，做到有针对性地提高学生的知识水平和能力，即恰当地运用统计网站统计出典型的失误题目，包括学生解答中的疏漏之处、有争议之处，分析哪些题目的表述不恰当导致了学生的误判等。

2. 讲解错题集弥补知识缺漏

教师必要时可以让学生把测验中的错题再做一遍，换个角度发现失误的原因，从中得到启发并增强知识体系的牢固性。

3. 合理情境有助于衔接思维

评论课也要重视创设合理的情境，把学过的知识和测验中失误的知识点整合起来，完善答题思路和答题技巧等，依据试题归纳做题的方法。

教师帮助学生整理出相关知识点的考题，同一种类型的数学题讲解有助于学生的理解和学生解题思维的锻炼。对考试失常的同学，教师要及时帮助他们查漏补缺，对情绪波动较大的同学可以进行心理疏导，教师和家长要多些鼓励少点责备，共同呵护孩子脆弱的自尊心和自信心，让他们能够健康快乐地成长、成才。

（四）基于核心素养的导学案的应用

教师精心设计好的基于核心素养的导学案凝聚着教师的时间和心血，基于核心素养的导学案能否充分发挥其"神奇功效"，重点在于教师在课堂上是否能真正地利用好它。

1. 应用流程

基于核心素养的导学案使用流程主要有自主学习、合作学习和总结归纳等。高效课堂中的"三查五步"模式是现在使用较为广泛的，"三查"主要包括一查，在学生自学时；二查，在组内展示时；三查，在整理导学案、达标测评时。该模式有自学、群学、组内展示、班级展示、达标检验五个步骤。

（1）自学。自学主要指的是学生自我预习，它是基于核心素养的导学案应用的首要环节，好的自学可以帮助学生对新课的知识有大致的了解，有能力的学生在自学中就解决了部分简单的问题。在学生完成预习后，教师应及时了解情况，这是教师进行的第一次学情调查。

（2）群学。群学即小组的合作学习，它的主要功能是通过小组探讨进一步解决自学时难以独自解决的问题。在实施群学时，教师应当安排不同程度的学生构成一个小组，锻炼学生共同合作发现问题并解决问题的能力。

（3）组内展示。组内展示的是群学的成果，并提出组内尚未解答的问题，以便得到教师或其他组的帮助。教师针对学生出现的问题进行适当的引导和点拨。这也是教师要进行的第二次学情分析。

（4）班级展示。班级展示主要是在各小组之间进行的，各小组依次轮流展示，其他的小组则可以进行补充甚至提出疑问。该过程很好地培养了学生的团队精神和提高了他们的合作能力，但是也要求教师要严格把控，切莫让小组展示流于形式或效率低下。

（5）整理基于核心素养的导学案进行达标检验。班级的达标检验有助于学生了解自身的学习情况，帮助学生系统地梳理知识脉络，同时也便于教师分析不同层次的学生在学习中亟待解决的问题，尤其要关注学困生。这也是教师要进行的第三次学情分析。

2. 基于数学学科核心素养的导学案的应用情况

基于核心素养的导学案在应用中有六个优点。

第一，在自身方面，在知识呈现上，分类明确、知识点明确、讲解详细、核心内容更突出；在框架设计上，知识系统结构清晰，知识点更清晰，有方法指导。

第二，在教学过程方面，在预习上，预习目标明确，更加高效；在落实基础方面，关注基础知识，及时巩固基础；在重、难点落实上，提炼重点，详略得当，思维清晰；在学习方式上，便于学生自主学习、提高学生自我探索的能力、加强合作交流；在个性化培养上，尊重个性差异，尊重以学生为主的教育理念。

第三，基于核心素养的导学案帮助学生找到自学方向，准确抓住学习重点，提高学习效率，同时培养了学生自学的能力。

第四，基于核心素养的导学案有助于学生对知识进行全方位的把握。

第五，基于核心素养的导学案承认学生自学能力的差异，为学生提供了先行组织者，适应不同学生的个性发展，自觉时犹如教师在旁指导。

第六，基于核心素养的导学案以自学与合作交流为主，设置了不同梯度、难度的问题，更好地使能力较强的学生不轻松，能力较差的学生不困难。

(五) 基于高中数学学科核心素养的导学案的评价

评价主要针对基于核心素养的导学案设计的评价和基于核心素养的导学案用于实际后师生收获效果的评价。没有实时的评价就无法了解使用的情况，通过评价可以发现设计和使用中暴露的问题，方便教师及时调整教学策略，做到教学相长。

1. 基于核心素养的导学案评价要素

基于核心素养的导学案设计的评价除了应当遵循导学案设计的主体性原则、指导性原则、分层性原则和情境化原则等之外，还要从以下三方面考查基于核心素养的导学案设计的整体质量。

（1）基于核心素养的导学案设计质量评价。基于核心素养的导学案设计评价不仅要看学生学习地位的主体性是否突出，情境问题的设置是否合理，教师的指导和教学目标设置是否科学等，还要关注是否将教学与实际生活相结合，学生的创造力有没有得到发展，难易层次是否符合学生的基本学情以及基于核心素养的导学案是否脉络清晰且有创新点等。

（2）基于核心素养的导学案应用效果评价。基于核心素养的导学案使用评价是体现其核心的价值所在，其中必须包括学生是否掌握了课堂上教师讲授的新知识，掌握到几分程度，学生自己是否有意识地构建系统的知识，有没有具备将所学知识应用于日常生活的能力。此外，人们对其的评价还要包括教师在课堂上的教学指导有没有恰如其分，有没有充分发挥学生参与课堂活动的积极性，课堂过程是否生动有趣充满活力，最终的教学目标有没有顺利达成等。

(3) 基于核心素养的导学案发展性评价。人的成长是一个漫长的过程，学生的学习和发展同样也是一个漫长的过程，这就启示我们教育者不能只着眼当下，要为学生的长远发展深谋远虑、高瞻远瞩。世界上没有相同的两块鹅卵石，也没有完全不相同的两块鹅卵石。基于核心素养的导学案发展评价首先要关注学生的个体差异性，每个学生的兴趣和爱好都不尽相同，我们不能仅仅关注学生的考试成绩，还应该关注学生的学习过程，包括学生的主观努力程度等。教师对学生的评价是为了促进其发展，所以评价体系要做到科学、全面。

除此之外，有关学生的形成性评价是长期发展的，教师要关注的方面很多，主要包括以下五方面：

①教学目标要突出数学学科核心素养；

②情境创设和问题设计要有利于发展数学学科核心素养；

③整体教学内容要促进数学学科核心素养连续性和阶段性的发展；

④不仅要重视教，更要重视学，帮助学生学会学习；

⑤重视现代信息技术的运用，实现信息技术与数学课程的融合。

2. 基于核心素养的导学案评价内容

基于核心素养的导学案的评价从大的层面来说可以分为两方面：一方面，从教师的角度来看，基于核心素养的导学案评价指的是能否将导学案的功能最大化，即实现教学效果的最优化，实现课堂的高效教学，培养学生的智力，发展学生的能力，进一步促进学生的全面发展并为学生的终身学习助力；另一方面，从学生的角度来看，基于核心素养的导学案的评价内容更多的是学生上课时的使用感受和使用后学习进步的效果，以及学生学习成绩的提高，学生愿意运用它参与课堂的教学活动等。

3. 基于核心素养的导学案评价方法

评价方法是人们为了更加了解一件事物而使用的手段。对基于核心素养的导学案进行评价，主要着重形成性的评价以及结果性的评价两方面，不局限于某个角度或者某个方面的评价才是科学的评价。基于核心素养的导学案评价要贯穿学生学习的整个过程，将结果性的评价和过程性的评价相结合。

（1）观察评价法。观察评价法是指教师在教育教学活动中通过肉眼观察学生的学习情况，进而给出诊断性评价，该方法受主观意识的影响较大。教师观察学生的日常表现和课堂上的具体表现，包括课下认真完成教师布置的任务的情况、课上认真听讲等得到的结论。对这些内容，教师都可以在基于核心素养的导学案上进行实时记录和反馈，促进学生和教师的沟通。

（2）检测评价法。检测评价法主要是考查学生掌握学科知识和利用学科知识解决问题的能力的方法，让学生将平时不易观察到的问题显现出来，方便教师实时调整教学工作。

（3）调查评价法。调查评价法主要通过对被研究者发放问卷或者访谈的形式了解被访者的感受。评价基于核心素养的导学案的使用效果，调查学生，就可以应用问卷调查的方法，了解学生使用后的情况再做适当的改进。

4. 基于核心素养的导学案的缺点及建议

（1）不够重视突出学生的主体地位。学生是基于核心素养的导学案使用的主体，可是落实到教学当中依然是以教师为中心，基于核心素养的导学案形同虚设。教师在实际操作中更多在意的是教学任务的完成情况，在授课过程中较少顾及学生在课堂上的学习过程，这造成教师教得很累，学生同样也学得很累的情况。

在实际的教学中，教师应该做好学情分析，了解学生的学习情况和学习水平等。教师要站在学生的位置思考，创设符合实际生活的教学情境，设置难度层层递进的问题，满足不同发展层次的学生的需求，这样课堂才能生动有趣，每个学生的能力才能得到发展。

（2）难以避免习题化倾向。很多高中教师在高考的指挥棒下总认为学生的能力就是解题能力，殊不知练习题不过是呈现问题的一种途径。这种观念导致新讲课变成了习题课，数学基础知识的系统和深入、数学学科所蕴含的思想方法、学生所获得的情感体验被忽略了,学生的学习也变成了单调地做题,学生容易产生厌学情绪。学生没有学到对自身发展有意义的内容,做题能力虽然得到了强化,但学习能力和创造力却还是没有得到丝毫改进,这十分不利学生日后的长远发展。

在实际的教学中,教师应该提供一些能有效锻炼学生思维能力的问题,避免学生过于机械化地操练。教师要以问题为驱动,激发学生学习数学的兴趣,让学生成为课堂的主人。

(3)学习目标设计不可测。使用基于核心素养的导学案教学前,教师就应该让学生明确学习目标,学习目标是教师评价学生自主预习效果的重要参考,也是即将教授的新课要达成的教学目标的重要组成部分,然而很多学习目标的预设却无法起到上述作用。学生的主体地位得不到体现;教师缺少对课后学习效果的评价;学生缺乏创造性;教学目标的要求甚至脱离教学的实际,对学生学习的指导意义不强。

第三节 高中生数学学科核心素养的培养

一、培养高中生数学抽象素养的教学策略

抽象是数学的一个本质特征,也是学生建构数学知识的一个必然过程。比如,由力抽象出向量,由力的分解与合成抽象出向量的分解与合成等。数学抽象作为数学的基本思想之一,在学生的数学学习中具有举足轻重的地位。在培养高中生数学核心素养的过程中,教师要促使学生更好地理解数学知识,把握数学本质,以及逐渐养成用数学抽象的思维方式思考问题的习惯,并将其运用到其他学科的学习中。基于数学核心素养视角下的数学抽象,对学生学习数学具有重要的意义。李尚志认为,抽象是最高的数学核心素养。比如，具体的例子是有招，从具体的例子中得出公式即学到了无招，这就是抽象。培养学生的数学抽象能力是教师的重要任务之一。笔者下面将从数学概念、公理的教学方面，针对如何培养学生的数学抽象核心素养进行阐述与讨论。

（一）具体结合感性，感悟抽象内涵

1. 利用概念的过程性，发展学生的数学抽象能力

概念是从一般事物中抽象出事物的本质特征和属性。所以，数学概念的形成过程，即对不同形式的数学关系进行抽象概括总结，最终抽象概括出一般性的一个过程。在数学概念教学中，大部分教师选择概念同化教学模式，这种教学模式简洁、有效，并且教学过程简单明了，使学生可以直接获得数学概念。这种数学概念教学模式侧重概念自身的逻辑关系，忽略数学概念所具有的现实背景以及与现实世界的联系，使数学概念更加抽象。笔者认为，在数学概念的教学过程中，教师应该注重将概念产生的背景、概念形成的过程与学生的实际生活相联系，回归到学生的现实生活中，让学生能够感受到数学概念的抽象性，至少让学生能够从具体事物的形象出发，这样学生可以更好地构建数学知识。

2. 联系概念产生的背景——以"等差数列概念"为例

在等差数列概念的教学中，教科书中给出在现实生活中经常遇到的四种数列模型，其实就是给出了等差数列的现实背景，以此来让学生感受日常生活中等差数列的广泛应用。学生通过四种模型得到了四个数列，接下来教科书给学生一定的思考和探索的时间与空间，让学生通过自己的观察发现这四个数列都具有"相邻两项之差为同一个常数"的特点。

学生通过四种模型得到的四个数列如下。

(1) 0，5，10，15，20，25，30。

(2) 48，53，58，63，68。

(3) 18，15.5，13，10.5，8，5.5。

(4) 10072, 10144, 10216, 10288, 10360。

教学过程中，教师要充分利用这四个实例，如果有必要可以再补充一些具体的实例，先引导学生逐一观察这四个数列，让学生尝试抽象概括出它们的共同特点。教师要注意的是，一方面要引导学生观察相邻两项的关系，另一方面要结合对这四个数列的具体探索，让学生发现这四个数列都具有相邻两项之差为同一个常数的特点，最后让学生尝试用自己的语言描述等差数列的特征。教师给出等差数列的定义，让学生检验自己抽象概括出的等差数列特征是否正确。至此，等差数列的概念，就从具体实例中抽象概括出来了。另外，教师可以让学生尝试用递推公式来描述等差数列的定义，即 $a_{n+1}-a_n=d$（$n=1, 2, 3, \cdots$），为下面等差数列通项公式的教学做好铺垫。

3. 利用定理的过程性，发展学生的数学抽象能力

教材中概念、定理等的讲解都比较抽象，教师可以先向学生展示大量生活中的具体实例，让学生先有一个直观的感受，再抽象出数学符号或者数学语言，这样学生接受起来就比较容易了。

数学学科的抽象性导致了它必须以具体的形式呈现给学生为前提。数学内容的抽象性通常使人们不容易注意到它们与具体内容之间的联系，所以在教学时，教师务必要以翔实的具体内容为重中之重。高中生思维发展的能力正处于以经验型抽象思维为主慢慢向理论型抽象思维转换的阶段，逻辑思维能力还处于提高阶段，接受能力不足，所以教师如果完全按照数学学科的精密逻辑性和缜密抽象性去进行教学收效甚微。因此，为了让学生更好地消化一些抽象的概念和命题，教师可以在教学过程中由具体实例启发学生，将直观具体和抽象感性的事物结合起来，罗列一些学生熟悉的例子。

在攻克数学抽象问题上，直观感性始终是第一要点。"数"与"形"是描述事物本质的两个重要方面，"数"往往抽象难懂且需要理性思维，"形"一般形象直观。正所谓"数缺形时少直观，形少数时难入微；数形结合百般好，隔离分家万事休"，在中学数学中，建立数与形之间一一相对的关系是

解决问题的重要手段之一。

　　学生在知识与技能维度出现错误，多数是因为不会用所学知识构建知识体系框架。例如，公式记忆错误，已知每一行的规律可就是联想不到数列，这些都是典型的前置知识没有消化的现象。数学抽象素养不是一朝一夕可以培养的，由于数学本身的抽象性和数学抽象的综合性，数学抽象在高中数学教材中的体现更是凤毛麟角，导致学生难以适应高中数学的抽象部分，使学生没有办法在学习新知识的同时建立它与所学知识之间的联系。这时，教师应该加强引导，制造机会让学生在学习新知识前先巩固相关的前置知识。习题课便是一个很好的平台。教师在讲解前可先给出一道等比数列和解不等式的例题，让学生在经历了一次简单的知识复习之后再来看这道题，这样学生脑海中的图式会更易生成，学生也更能理解建立数列模型的作用。

　　（二）注重观察、分析、类比等活动经验的积累

　　数学概念的掌握、数学法则的建立、数学规律的探索、数学定理的归纳、问题策略的提炼往往都需要学生经历完整的抽象活动。教师应该尽可能地引导学生进行观察、分析、类比、猜想、概括，这有助于学生思维的开阔和延伸，有助于学生在综合的情境中去构建数学知识与现实世界的模型。观察、分析、类比有多种来源，学生可以结合具体的情境，可以结合图像，也可以在活动中进行。在具体的课堂教学中，教师可以多开展数学建模活动与数学探究活动，在数学活动中充分调动学生的积极性与自发性，让学生经历抽象的全过程，来培养其数学抽象素养。例如，讲解幂函数、等比数列等抽象概念时均可以引导学生观察、分析、类比。

　　（三）结合其他数学素养，实现共同繁荣

　　高中生的认知结构已经进入形式运算阶段，思维发展到可以脱离具体内容和现实的影响，而达到抽象逻辑推理水平。数学各核心素养之间相互交融，形成一个有机整体，所以在培养学生数学抽象素养的同时结合其他数学

素养，会产生事半功倍的效果。

1. 数学抽象与数学建模

数学建模就是对现实问题进行数学抽象，用数学语言表达问题，用数学知识与方法建构模型解决问题。通俗来说，其就是选取并使用一定的模型对客观现实对象进行分析处理。关于模型，弗赖登塔尔（Freudenthal）指出："模型是一个对象的表述性和规定性的体现，人们可以通过具体的模型获得抽象的感性认知。"① 所谓的数学模型，也是这样的一种对事物某种特性的体现，只不过在其建构过程中使用更多的是数学的语言和方法，对现实问题的抽象与简化也更多表现在量的关系上。数学模型虽然只是实际对象的一种近似反映，这种反映只能体现在一些数量关系上，但正是这种反映实现了由现实问题向数学问题的转换，为相关数学工具的运用以及实际问题的深化奠定了坚实的基础，所以数学抽象可以被看作数学建模的前提。要想培养高中生的数学抽象素养，教师从重要的模型入手不失为一个好方法。数学抽象素养在函数教学中的培养离不开从重要函数模型入手，我们要加强重要函数模型中相关问题的理解和运用，从而提高其抽象素养。

2. 数学抽象与数学推理

数学抽象与数学的逻辑思考能力之间有着密切的关联，如果一个人不具有清晰的逻辑是不可能具备抽象思考能力的，但数学的抽象思考概念又与直观逻辑思维观念有着明显的区别。推理包括推理证明和数、式的演算，而这些形式化的过程与数学抽象密不可分。数学的发展往往是从现实中抽象出最基本的公理体系，按照逻辑推理、演绎证明逐步建立起数学大厦，如欧几里得几何学体现了严密的逻辑思维过程，哥德巴赫猜想、同色三角形问题都是抽象思维的成功典范。教师可将数学文化与数学故事多融入课堂教学中，让学生在学习知识的同时感悟数学的意义。

---

① 弗赖登塔尔. 作为教育任务的数学 [M]. 陈昌平，等译. 上海：上海教育出版社，1995：424.

3. 数学抽象与数学概括

"概括"是指从某类个别对象中抽取共同的属性，推广到该类一般化的对象上，最后形成普遍认识的一种逻辑方法。"概括"是人类思想经验应用的产物，是一种方法、活动和能力。基于数学学科的概括通常是通过减少概念的内涵来扩大概念的外延，由特殊推广到一般，由种概念到属概念，从而建立数学知识框架的一种思维过程。由此可见，数学抽象与数学概括是有交集的。典型例子是数系的扩充：从自然数、整数、有理数到实数再到复数。每一次的扩充既要包含原来的数集，又要保持原有的运算规律和序的性质。数学概括与数学抽象往往被放在一起阐述，叫作抽象概括，尤其是在教育家谈及数学思维（思维方法、思维过程、思维能力）的时候。数学概括没有作为一种素养被单独提出，但现行的高中数学课程标准也明确指出要提高数学抽象概括能力，可见数学概括是很重要的，并且它与数学抽象是相联系的。课堂上，学生需要将新的情境、问题与已学知识相联系，将实际问题抽象成数学问题然后进行解答。在这个过程中，学生的抽象概括能力可以得到充分锻炼。教师在实践中可以多采用变式教学和探究性问题来培养学生的抽象概括能力，从而使学生的数学抽象素养也得到提升。

综上所述，每一种素养的形成其实和数学抽象素养的发展是同步的，教师在注重学生数学抽象能力的同时需要关注其他数学素养的形成。

4. 基于数学抽象素养的高中教学设计

教学设计是指教师为达成一定的教学目标，对教学活动进行系统规划的一门设计科学，是在课前对教学过程做的准备工作的设计规划。基于数学抽象素养的教学设计致力于解决教什么、怎样教的问题，就横向来看，学生的数学抽象是需要某个目标作为导向的，目标如何来？教师创设恰当的情境，使学生感知和识别对象的外部属性，然后把这种具有不变性的要素属性分离出来，构建具备某种属性的模型，实现对象的分离和纯化，突出本质特征，在此基础上把这种分离出来的属性一般化为某一类或特殊化成某一种，用数学符号和数学语言予以表征。与此同时，教师将学生自主表征出的概念或定理规范化，进行归纳总结，使学生进行意义建构，最后在教师的指导下，学生用逻辑方法建立知识之间的联系，达到抽象出属性的目的，形成数学系统。以平面向量概念的抽象为例，教师首先给出情境：人的重力是垂直于水平面的，那么这种向量具有什么特点？学生感知情境，识别到这与物理中的矢量类似，并分离出其本质特征——具有方向的线段，接着把箭头抽象成一点，可以发现这种量既有线段长度，又有方向，突出了本质。如果把线段抽象为一点，该量长度则为0，保证两个线段长度相同，方向相同，则二者平行……学生给出定义和表征，教师在此基础上归纳总结，给出平面向量既有方向又有大小的概念，并用数学符号 a 将其简约化。同时，这种量也可以用起点指向终点的方法表示，学生最后梳理整合平面向量的概念及其相关性质，教师在此基础上进行变式训练，促进学生用逻辑推理得到相关知识体系。

二、培养高中生数学直观想象素养的教学策略

《普通高中数学课程标准（征求意见稿）》指出，直观想象素养是借助空间想象感知事物的形态与变化的，即直观想象素养是基于直观所获得感性认识而展开想象，其中想象是对客观事物几何形式的抽象思维活动。直观想象是高中数学核心素养六要素之一，在培养高中生直观想象核心素养的过程中要培养学生几何直观以及空间想象的能力，增强学生运用图形和空间想象思考问题的意识，逐步提升学生的数形结合能力，以及感悟事物本质的能力，培养学生的创新思维。

（一）注重应用情境创设，关注学生学习信心的建立

在"向量与几何"知识的学习中，向量工具的"双重性"，立体几何的空间抽象性，解析几何的运算复杂性……无不让许多学生望而生畏，学生在学习过程中常常感觉接受难度大，失去解决问题的信心与勇气。

以平面解析几何为例，解析几何是渗透数形结合思想的主要模块，其中圆锥曲线更是揭示几何直观的重要知识载体，然而由于应试教育的影响，圆锥曲线在实际教学过程中往往沦为题海战术的"主战场"，再加上大量复杂的运算，圆锥曲线也成为学生丧失学习信心的"重灾区"。学生在该部分普遍失分较多，测试后学生的反馈也反映出学生在解决解析几何问题上普遍有畏难情绪。

弗赖登塔尔说："数学源于现实，必须扎根现实，并且应用于现实中。"① 题海战术往往造成学生只会"纸上谈兵"，使学生将知识与生活实际相互割裂，失去学习数学的兴趣与信心，因此教师在教学中要帮助学生建立学习的信心，注重创设知识的应用情境。

例如，对圆锥曲线中椭圆的教学，教师需要注重其应用价值，可以以著名的"西西里岛窃听者的故事"引入，揭示椭圆中的光学性质：从椭圆的一个焦点发出的声波，经椭圆反射后都汇集到另一个焦点。这样激发学生对椭圆焦点、法线等位置关系的好奇及兴趣，引导学生感受圆锥曲线中的无限乐趣与奥秘，让学生体会椭圆中的几何直观，感受椭圆在实际生活中的应用，克服谈"圆锥"色变的畏难心理，引导学生学会"用数学的眼光观察世界"。

（二）注重信息技术的运用，深化概念本质的理解

数学概念是构建数学大厦的基石，理解数学概念的本质是学生形成正确思维的重要保证。不同于函数知识中的许多过程性概念，在"向量与几何"知识中，许多概念皆是图形概念与关系概念。例如，空间中柱、锥、台、球等几何体的图形概念；点与线、线与面、面与面等位置关系的关系概念。对这些概念的理解无不伴随着几何图式，一方面，这些图式的直观表象有助于学生理解与记忆相关概念；另一方面，若表象失真则往往造成学生对概念一

---

① 弗赖登塔尔．作为教育任务的数学［M］．陈昌平，等译．上海：上海教育出版社，1995：424．

知半解、似懂非懂，甚至混淆概念。部分学生由于对空间直线与平面夹角的概念理解产生偏差而失分，这也在一定程度上反映了学生利用直观想象理解概念的能力较为欠缺。

学生对概念的理解，重点在于对概念本质的理解。关于"向量与几何"知识中大量的图形概念，教师在教学过程中更关注学生"空间感知—空间表象—空间想象"这一过程的建立。在"互联网+"时代，教师可通过现代信息技术（如几何画板）的使用，积极创设条件，促进学生在直观感知的基础上深化对概念本质的理解。

例如，在立体几何中，"直线与平面的夹角"的学习是促进学生空间想象力发展的一个重要知识载体，然而对其概念"斜线和它在平面上的射影的夹角称为斜线和平面的夹角"的理解，学生往往会因产生错误的图形表象认识而对概念存在认知偏颇。鉴于此，教师在教学过程中可借助几何画板等信息技术，帮助学生从竖直平面、水平平面、倾斜平面等不同角度动态地认识直线与平面的夹角，通过动态的过程演示静态抽象的夹角概念，化静为动，深化学生对直线与平面的夹角这一空间位置的理解。

这样学生对直线与平面的夹角的概念就有了较为深刻的理解，在此基础上，教师还可以进一步引导学生思考：过斜线上一点的直线在平面 α 内的射影有几种情况？两条平行直线在同一个平面内的射影可能是哪些图形？两条异面直线在一个平面的射影可能的情况是什么？教师通过问题串发散学生的思维，激发学生的学习兴趣，并给学生充裕的时间用数学语言讨论交流。最后，教师总结学生的交流讨论过程并解决问题。教师可借助几何画板给出总结，深化学生对射影以及线面夹角概念本质的理解，引导学生会"用数学的思维分析世界"。

（三）注重数学语言互译，加强数形结合思想的渗透

建立数与形的联系是直观想象素养的重要组成部分，数形结合思想渗透在"向量与几何"知识的各个领域，如向量线性运算的几何意义与代数意义

的对应，空间向量与立体几何中数与形的对应，解析几何中曲线与方程的对应，无不蕴含着数形结合的思想。

数形结合思想本质上是代数表示与图形表示的相互转化，即数学语言之间的转换。数学语言是数学思维的重要载体，它包括符号语言、文字语言以及图形语言，这三种语言以不同形态表达同一个知识内容，在数学学习过程中，这三种语言相互对应，共同促进学生对数学的理解，提高"翻译"三种语言的能力是提高数形结合能力的前提保证。

鉴于此，教师在教学过程中，应注重培养学生三种语言互译的能力，引导学生全面地认识形与数之间的对应，由几何直观揭示代数性质，由代数表示几何图形的结构特征。

例如，学生学习立体几何核心定理之一的三垂线定理时，如何把握垂线、射影、直线三者的关系一直是困扰学生的知识难点，因此教师在教学过程中可引导学生用不同数学语言来表征定理中所涉及的四条直线与一个平面的关系，从而加强学生对数形结合思想的渗透。

（四）注重实物模型演示，促进空间想象能力的发展

空间想象能力是直观想象素养的重要组成部分，空间想象能力的培养是学生直观想象素养水平提升的前提保障。空间想象力是人们具有的一种抽象思维品质，众所周知的是，形象化的实物模型对抽象的几何概念的学习有非常重要的作用。因此，在教学过程中，教师要注重借助实物模型，促进学生对空间几何体的认识，经历直观感知—直观表象—直观想象的过程，从而发展学生的空间想象能力。

以空间几何体的三视图为例，就知识层面而言，空间几何体的三视图是平面图形用二维平面来刻画几何体的结构特征。其中，三视图与几何体的相互转化，即利用简单几何体得到三视图以及根据三视图还原得到几何体这一"双向"的过程，更是将直观想象素养体现得淋漓尽致。

对三视图的教学，教师首先可通过"猜谜游戏"，激发学生的求知

欲，即教师准备一个简单几何体的实物模型，并用纸遮挡起来，依次给出几何体的正视图、侧视图、俯视图，引导学生猜出该几何体的名称；其次，教师可通过构建长方体模型，根据三种不同的投影视角引出三视图的定义，并引导学生观察不规则图形，做出其三视图，促进学生从三维到二维空间想象能力的培养；再次，将简单几何体的三视图通过变换放置方式的形式，引导学生想象其直观图，培养学生从二维到三维的空间想象能力；最后，引导学生联系生活实际，动手制作生活中实物的几何体模型，并画出该组合体的三视图。学生通过从实物模型中抽象出空间几何图形，进一步将高维立体图形转化为低维三视图，这一过程促进了学生空间想象能力和数学抽象能力的发展，由此促进学生直观想象素养的发展。

（五）注重数学表达训练，促进数学交流能力的培养

培养学生的数学素养，不能仅停留在知识与技能的培养上，要注重学生表达与交流能力的培养，学生拥有会"看数学"、会"读数学"、会"写数学"和会"讨论数学"的能力对学生数学素养的提升是至关重要的。学生通过在课堂上表达与交流，加深学生对数学的认识与理解，让学生丰富认知的外延，感悟数学语言的简洁美。因此，在教学过程中，教师要给予学生充分表达自己的机会，注重学生规范化数学表达的训练。

例如，在平面向量概念教学中，平面向量是抽象的自由向量，所以教师首先应充分调动学生的主观能动性，通过物理的力、速度等具体模型引出向量概念，引导学生用规范化的数学语言表达向量的几何意义与代数意义；其次，基于向量的物理意义，教师应引导学生进行建模活动，让学生运用数学语言，表述建模过程中的问题以及问题解决的过程与结果，并形成研究报告，与同学进行交流；最后，组织学生收集向量的发展史，撰写关于"向量及其符号"小论文，将数学文化融入数学知识中，丰富学生对向量内涵的理解与认识。通过一系列数学表达的规范化训练，教师促进学生数学交流能力的提高，引导学生会"用数学的语言表达世界"。

三、培养高中生数学推理能力素养的教学策略

(一) 高中生数学推理能力培养的建议

针对如何有效培养高中生的数学推理能力，已有很多学者进行了深入而广泛的研究，并提出了许多行之有效的策略。这里，笔者基于这些研究，并结合前人的研究成果，分析发现影响高中生数学推理能力发展的原因是多方面的，因此教师对高中生数学推理能力的培养也应从多方面进行考虑。笔者在此为高中生数学推理能力的培养提几点建议，以供教学参考。

1. 注重学生身心发展，遵循循序渐进原则

学习过程是学生一系列复杂的内部加工过程，学习结果是学生身心状态的积极转变。为了使学生快乐学习、全面发展，教师可做如下工作。

第一，学生加强对心理学、教育学等知识的学习，教师要站在学生的心理需求角度上看待学生，考虑学生的年龄特征来合理组织教学，降低学生的畏难情绪，使之较快理解并接受所学知识，从而提高学生的数学学习能力。例如，在讲解"一元二次不等式及其解法"这一内容时，教师可从较为简单且学生更为熟悉的一元一次不等式进行导入，在学生理清一次函数图像、一元一次方程与一元一次不等式之间的联系的基础上，再将问题引申到一元二次不等式上，并引导学生将两者进行类比，探讨二次函数图像、一元二次方程以及一元二次不等式之间存在着哪些联系，进而使学生轻松快乐地理解并掌握"一元二次不等式及其解法"这部分内容。

第二，数学的研究对象是具有高度抽象性的数和形，数学学习中涉及的基本概念、定义、定理等往往也比较抽象，学生对它们的理解一般是逐步加深的，不能一蹴而就。同样，学生的数学学习能力，尤其是推理能力也不是与生俱来的，是需要长期培养才会逐步提高的。为此，教师在教学中应充分考虑数学学科的特点以及学生的基本情况，重视学生学习的过程，不断激励学生学习，鼓励学生猜想，提高其学习兴趣，增强其自信。

第三，教师加强学生的心理疏导工作，使学生积极面对现有学习状态，并对学生的行为与表现给予适当评价与指导，尤其是对学生的良好表现或行为要给予及时的肯定与褒奖。

2. 合理使用数学教材，充分发挥教材功能

数学教材是数学基础知识的载体，在教学实践中，为更好地培养学生的数学推理能力，教师以及学生有必要在教材上多下功夫，通过对数学教材内容的挖掘来找到培养数学推理能力的切入点，充分发挥数学教材的功能。对此，我们有以下四方面是值得注意的。

第一，教师应引导学生养成阅读数学教材的习惯，通过阅读挖掘教材中的隐含知识，并提醒学生注意学习教材中数学符号的规范使用，培养和提高学生的文字表达能力。

第二，教师与学生一起分析研究教材中的主要例题，抓住教材例题的本质，加深学生对基础概念、公式、定理的理解，培养学生发现问题、解决问题的能力。

第三，教师定期对所讲知识进行深入浅出的归纳，使学生更深刻地理解所学知识，提高推理能力。例如，在讲解完三角函数这部分知识后，教师对所讲知识点及其之间的联系、思想方法、解题规律以及注意事项等进行系统归纳。

第四，教师充分挖掘并领悟教材中涉及的推理方法，真正理解数学推理，以便提高学生数学推理能力。例如，对"平面向量的线性运算"，我们可通过联想类比"数的运算"得出相应的结论，然后再对其进行证明，判断其是否成立。

3. 合理把握课堂教学，引导学生积极思考

"教会年轻人思考"是波利亚（George Polya）长期坚定的信念。据此，教师在课堂教学中应该正确引导学生积极思考，培养学生形成有益的思维方式和习惯，帮助学生形成数学学习的必备品格和关键能力。本书提出以

下五点可做参考。

第一，数学教师除了要教给学生一定的数学知识外，还应当教会学生如何思考，锻炼学生的创造性思维，培养学生良好的思维习惯，为学生的可持续发展和终身学习创造条件、做好准备。

第二，教师要注重启发式教学，力图让学生形成初步认识→探索→猜想→证明的思维习惯，并有意识地增加课堂提问概率，且要根据学生的学习程度来分层次地提问，观察课堂上学生的表现，针对学生可能出现的问题和错误，及时进行正确的引导与剖析。教师如此安排课堂教学，一方面可以使学生真正理解数学知识，抓住问题本质，再遇到类似的问题时他们就会明白如何进行推理解答；另一方面可以使学生养成良好的学习习惯——善于反思、体验过程、领悟规律，从而有利于学生的反思、概括、推理以及表达能力的培养，提高学生学习数学的自信心。

第三，在课堂教学过程中，教师要给学生树立好榜样，在讲解知识时要做到思路清晰，逻辑严谨，无形中培养学生思考缜密、言之有据的良好习惯。

第四，针对数学推理模块内容的教学，一方面，教师应将重心放在学生推理思维的养成上，而不是仅强调推理书写形式的训练，并在解决问题的表述上逐渐要求"步骤完整，理由充足"。另一方面，针对学生解题过程中出现的逻辑错误，教师必须及时纠正。长此以往，学生会逐渐养成严谨思考和严谨推理的习惯，并受益终身。

第五，教师在讲授新课时，有必要先引导学生回忆已学知识，使学生能够在已学知识的基础上猜测新知识的内容、结构、研究方法等，进而激发学生的学习热情，提高学生学习的积极性。例如，在讲"概率的基本性质"这部分内容时，教师先带领学生回顾集合的相关知识，搭建新旧知识之间的桥梁，寻找两者之间的联系，进而可使学生更好地理解、掌握概率的基本性质。这样的类比教学过程，不仅能够激发学生的学习热情，使学生能想、敢想，提高自信心，还可加深学生对新旧知识的记忆，使其真正理解知识内涵，这对学生数学推理能力的培养也是十分有利的。

总之，在教学中，教师要深刻把握人才培养的要求，把握教学的深度和广度，重视学生逻辑推理能力的培养，从而更好地实现教与考的对接协调，方便教，方便学，方便考。

4. 加强数学解题研究，提高学生解题效率

在数学解题过程中，学生若每一步推理都有充分的依据，又遵守相应的逻辑规则，那么题解必定正确。对此，为培养学生的数学推理能力，提高学生的解题正确率，教师应做到以下四点。

第一，加强对课程标准、考纲、教材及历年高考试题的研究，在指导学生进行解题练习时尽量避开题海战术，通过研究总结明确高考试题的出题方向，了解出题意向，明白所要考查的知识内容，善于进行归类分析。

第二，留心关注高考对核心素养的考查，特别是逻辑推理能力的相关试题，在对学生的日常作业和课堂练习题的编排上紧抓创新性，尽可能保证试题少而精，这对教师教学效率以及学生学习效率的提高有很大的帮助。

第三，无形中培养学生数学思维，通过习题讲解让学生明白数学推理试题考什么及如何考，减少学生做题的盲目性，并提醒学生及时记录易错题和一些经典试题，在建立不同类型逻辑推理试题的答题模板基础上做到走出模板、善于应变，使学生学得快，学得好。

第四，要求学生准备一个错题本，并经常提醒学生合理利用错题本，定期回顾错题本上的题，树立正确的"错误观"，使错误变成一种"财富"，同时可使学生养成积极进取、不屈不挠的心理品质，从而有利于学生数学推理能力的培养。

(二) 高中数学核心素养中逻辑推理能力的培养

数学具有严密的逻辑性，这就要求学生学习数学要有较强的逻辑推理能力，获得逻辑推理能力也是学生建构数学知识的一个必然过程。逻辑推理是

高中数学核心素养六要素之一，在培养高中生逻辑推理核心素养的过程中，教师要培养学生发现问题及提出问题的能力。这样使学生掌握推理形式，以及学会用数学语言表述论证的过程；使学生掌握数学知识之间的脉络以及能够建构数学知识框架；使学生形成有论据、条理清晰、逻辑严谨的数学思维品质，增强学生的数学交流能力。

1. 逻辑推理之合情推理

合情推理是从特殊到一般的推理，主要推理形式有类比、归纳。合情推理强调的思维形式是观察、类比、猜想、实验等，建立联系，使学生形成运用逻辑推理问题的意识。比如，"数列"这一章的教学设计过程就运用了合情推理。笔者下面将通过一个具体的案例进行阐述说明。

（1）类比探索，归纳特点。通过类比探索，学生归纳出每一个数列的通项公式。那么，学生如何推广到一般的等差数列呢？等差数列的通项公式是我们根据等差数列的概念通过归纳的方式得出的。在教学过程中，教师要引导学生根据等差数列的概念进行归纳。

（2）实施解决，检验猜想。学生得出的公式只是一个猜想，通项公式的得出还需要通过严格的证明来检验。在教学过程中，教无定法，贵在得法。在教学实践中，教师应根据具体情况灵活运用教学方法，以此来不断提高学生的合情推理能力。

2. 逻辑推理之演绎推理

演绎推理是指从一般到特殊或个别的推理方法。只要前提可靠，用演绎推理得出的结论就是完全可靠的，演绎推理是一种严格的推理方法。比如，三段论推理就是演绎推理的一种，三段论推理就是指从某类事物的全称判断——大前提，特称判断——小前提，得出一个新的、较小的全称或特称判断——结论的推理。三段论的基本结构如下：

大前提 M 是 P，小前提 S 是 M→结论 S 是 P；

大前提 M 不是 P，小前提 S 是 M→结论 S 不是 P。

其中，P 称为大项，M 称为中项，S 称为小项，中项是媒介，在结论中不出现。三段论的依据是下面这个不证自明的公理，也称三段论公理：一类事物的全部是什么或者不是什么，那么这类事物中的部分也是什么或不是什么。在实际的推理过程中，三段论中的大前提一般都省略，这会使学生体会不到其中的三段论推理。

3. 数学逻辑推理能力的培养

数学逻辑推理是学生学习数学、进行思考的基本能力，对学生数学逻辑推理能力的培养，可以从两方面进行。

（1）加强数学活动的过程教学，提高学生合情的推理能力。教师可以通过创设相应的教学情境，或者开展适当的学习活动，尽可能使学生亲身体验数学概念的形成过程，还可以通过精心设计和组织教学过程，引导学生积极主动地参与公式、定理、法则、性质的发现、探索及推导的过程，也可以在习题课中，通过暴露解题的思考过程，解释自己在解题过程中思路受阻及产生错误后是如何调整思维方式的，帮助学生逐步掌握探索的方法以及解题的规律，培养和发展学生自我调控的能力。

（2）进行演绎推理的训练，提高学生的演绎推理能力。

①结合具体教学内容，介绍或讲授一些必要的逻辑知识。教师掌握一定的逻辑知识，对培养与发展学生的逻辑推理能力具有重要的意义。学生如果缺少逻辑知识，那么对数学内容中含有的逻辑成分就理解不透彻，在这种情况下，学生去学习推理往往只是照本宣科地使用逻辑法则，有时还会发生逻辑错误，妨碍自身逻辑思维和逻辑推理能力的发展。所以，教师让学生学习和掌握一定的逻辑知识，可以帮助学生形成自觉使用逻辑规则的习惯，减少或者避免学生逻辑错误的发生，提高学生的逻辑思维能力与推理能力，对培养与发展学生的逻辑思维能力和演绎推理能力也是具有重要意义的。

②在运算中培养学生的逻辑推理能力。学生在学习代数这部分内容时，可以认识到"运算也是推理"。教师应强调不要只是记忆运算的步

骤，而是要理解和掌握运算的依据，这不仅有利于提高运算的准确性，还有利于学生逻辑推理能力的培养，还要强调把计算步骤与运算依据结合起来，培养学生"说理"的习惯和能力，从而提高学生的逻辑推理能力。

③有层次、分阶段地培养学生的逻辑推理能力。在平面几何的教与学的起始阶段，教师可以通过对直线与线段以及角等基本概念的教学，训练学生依据直观图形做出言必有据的判断。教师再通过对相交线、平行线、三角形等有关内容的教与学，训练学生根据条件推出结论，让学生会用数学符号表示命题的条件和结论，使学生掌握证明的步骤以及格式，进而在全等三角形的教与学之后，训练学生能进行完整推理论证的能力，使学生逐步掌握推理技能。再在上述基础之上，教师让学生进行复制问题论证的训练，培养和发展学生的逻辑思维能力和逻辑推理能力。

第五章

创新思维下的高中数学教学模式探索

第一节 数学创新思维及培养途径

一、数学思维与创新思维的含义

（一）思维

思维最初是人脑借助语言对客观事物的概括和间接的反应过程。思维以感知为基础又超越感知的界限。通常意义上的思维，涉及所有的认知或智力活动。它可以探索与发现事物的内部本质联系和规律性，是认识过程的高级阶段。思维对事物的间接反映，是指它通过其他媒介作用认识客观事物，借助已有的知识、经验和已知的条件推测未知的事物。思维的概括性表现在它对一类事物非本质属性的摒弃和对其共同本质特征的反映上。

学生的学习，不仅要通过感知认识事物的个别属性和外部联系，获得感性认识，而且还需要在感性认识的基础上，通过复杂的思维活动，认识事物的本质和规律，获得理性认识。人脑对客观事物的本质和规律的概括及间接的反映过程就称为思维。

思维最显著的特性是概括性。思维之所以能揭示事物的本质和内在规律，主要来自思维抽象和概括的过程，即思维是概括的反映：以大量的已知事实为依据，在已有知识经验的基础上，舍弃个别事物的个别特征，抽取它们的共同特征，从而得出新的结论。概括性是思维研究的一个重要方面，概括水平是衡量思维水平的重要标志。

间接性是思维的另一特性。思维要依靠感性认识，但又超脱于感性认识的界限之外，思维的过程是认识那些没有直接感知过的或根本无法感知到的事物以及预见和推理事物发展的进程。思维之所以具有间接性，关键在于知识与经验的作用，它是随着主体知识经验的丰富而发展起来的，因此知识和经验对思维能力有重要的影响，闻一知十、由此及彼都是思维间接性的体现。

思维按照活动中抽象概括的水平，可以分为直观行动思维、具体形象思维和抽象逻辑思维三个层次。直观行动思维就是在实际操作中进行的依赖实际行动为支柱的思维，从动作到动作是这种思维的主要特征；具体形象思维是凭借事物的知觉形象和表象进行的思维，仍带有直观性和具体性，其基本形式是表象；抽象逻辑思维又分为形式逻辑思维和辩证逻辑思维两种形式。形式逻辑思维是按照形式逻辑的规律而进行的思维，同一律、矛盾律、排中律是这种思维的基本规律；辩证逻辑思维是抽象逻辑思维的高级阶段，是按照辩证逻辑的规律而进行的思维。

思维技巧是人们日常生活中经常会用到的，这里主要选取一些有代表性的思维技巧：①归纳思维，从一个个具体的事例中，推导出它们的一般规律和共通结论的思维。②演绎思维，把一般规律应用于一个个具体事例的思维。它在逻辑学上又叫演绎推理。它是从一般的原理、原则推导个别具体事例的思维方法。③批判思维，一面品评和批判自己的想法或假说，一面进行思维。在解决问题的时候，教师历来都强调批判思维。批判思维包括独立自主、自信、思考、不迷信权威、头脑开放、尊重他人等六大要素。④集中思维，从许多资料中，找出合乎逻辑的联系，从而导出一定的结论，对几种解决方案加以比较研究，从而导出一种解决办法的，就属于这种思维。⑤侧向思维，利用"局外"信息来发现解决问题的途径的思维，如同眼睛的侧视。侧向思维就是从其他领域得到启示的思维方法。⑥求异思维，也叫发散性思维。同一个问题探求多种答案，最常见的就是数学中的一题多解或语文中的一词多义。⑦求证思维，就是用自己掌握的知识和经验去验证某一个结论的思维。求证思维的结构包括论题、论据和论证方式。⑧横向思维，简单地说就是左思右想，思前想后。这种思维大都是从与之相关的事物中寻找解决问题的突破口。横向思维的思维方向大多是围绕同一个问题从不同的角度去分析，或是在对各个与之相关的事物的分析中寻找答案。⑨递进思维，从目前的一步为起点，以更深的目标为方向，一步一步深入达到的思维。其如同数学运算中的多步运算。⑩交叉思维，从一头寻找答案，在一定的点暂时停顿，再从另一头找答案，也在这点上停顿，两头交叉会合沟通思路，找出正确的答案。在解决较为复杂的问题时经常要用到这种思维，如"围魏救赵"。⑪幻想思维，"脱离现实性"是它最主要的特点。幻想思维可以在人脑中纵横驰骋，也可在毫无现实干扰的理想状态下，进行任意方向的发散，从而构成创造性思维的重要组成部分。因为幻想的脱离实际，也就无法避免错误的产生，但只要幻想最终能回到现实中来并加以现实的检验，错误就会被发现和纠正。⑫灵感思维，人们在创造过程中达到高潮阶段以后出现的一种最富有创造性的思维突破。它常常以"一闪念"的形式出现，是由人们潜意识思维与显意识思维多次叠加而形成的，也是人们进行长期创造性思维活动达到的一种境界。⑬核心思维，就是对事物只索取重点，不关心任何杂乱无章的东西，学识渊博的人才具有这种凝聚核心的思维方式，在他们看来这个世界都是裸露的。⑭虚拟思维，21世纪高速发展的网络时代，科学家们不得不定性虚拟思维的含义。它是以自我核心为实点参照，以大脑为初始虚拟折射平台，以网络信息为外部虚拟折射平台的思维过程。

(二) 数学思维及发展

数学思维也就是人们通常所指的数学思维能力，即能够用数学的观点去思考问题和解决问题的能力。比如，转化与化归、从一般到特殊、特殊到一般、函数到映射的思想。一般来说，数学能力强的人，基本体现在两种能力上，联想力和数字敏感度。前者能够把两个看似不相关的问题联系在一起，这其中又以构造能力最让人折服；后者便是大多数媒体曝光的所谓智力超群的人，如"神童"之类的。当然，世上也有两种能力的结合体。

我国《普通高中数学课程标准》中明确指出，思维能力主要是指会观察、实验、比较、猜想、分析、综合、抽象和概括，会用归纳、演绎和类比进行推理，会合乎逻辑地、准确地阐述自己的思想和观点，能运用数学概念、思想和方法，辨明数学关系，形成良好的思维品质。

数学思维是人脑和数学对象的交互作用并按一般的思维规律认识数学规律的过程。在数学学习中，随着学习内容的不断加深和抽象概括水平的逐步提高，学生的数学思维也逐渐由直观行动思维发展到抽象逻辑思维。当然，由于数学思维活动的复杂性，这些思维成分之间往往又能互相渗透。

高中学生的数学思维发展具有两个主要特点：抽象逻辑思维日益发展，并逐渐占有相对优势，但具体形象思维仍起重要作用；思维的独立性和批判性有了显著的发展，他们往往喜欢怀疑和争论问题，不随便轻信教师和书本的结论。当然，初、高中生思维的独立性和批判性已慢慢成熟，他们很少会产生片面性和表面性，这些特点和他们的知识经验是相联系的。高中学生的数学思维达到了比较高的水平，首先，他们的思维有了更高的抽象性和概括性，并开始形成辩证逻辑思维，高中学生的思维则已明显地由经验型转向理论型，抽象逻辑思维渐占主导地位；其次，高中学生的思维具有鲜明的意识性；再次，他们的注意力更加稳定，高中学生的观察力更加精确、深刻，他们能够发现事物的本质和规律；最后，在记忆力方面，高中学生的有意记忆和理解记忆已占主导地位。

二、数学创新思维方法

数学思维方法是指运用数学思维解决问题过程中使用的方法，它们分别是观察与实验，比较、分类与系统化，演绎、归纳与数学归纳法，分析与综合，抽象与概括，一般化与特殊化，模型化与具体化，类比与映射，联想与猜想，等等。这些方法是数学思维运用到实际操作的基本手段，它们和思想内容、思维形式以及思维品质相互联结，是数学思维结构的主要成分。从这些方法的性能来说，其中一些侧重探索、猜想或发现，属于非严格的似真推理范畴，另一些侧重求解、论证或整理，属于严格的逻辑推理范畴。

（一）观察

1. 观察法及分类

观察法是指人们对周围世界客观事物和现象在其自然条件下，按照客观事物本身存在的实际情况，研究和确定它们的性质和关系，从而获取经验材料。在实施观察法数学教学过程中，教师要适当地进行讲解与介绍，引导学生把注意力集中到观察的对象上。学生把感知与理解结合起来，从多方面认识所学的对象，以便更好地理解所要掌握的内容，并通过观察探求数学方法、认识数学的本质、揭示数学的规律。观察是有目的、有计划的，是和思维活动紧密结合的主动知觉。知觉是人脑对直接作用于感觉器官的客观事物的整体反映。人对同时作用于感觉器官的所有客观事物并不都产生知觉，而只是对其中少数客观事物产生兴趣，然后做出观察行为，从而有知觉。所以，教师若要求学生对事物进行观察，首先要激发学生对该事物产生兴趣。激发兴趣可以通过设疑、引入竞争、趣化知识等方法去实施。教师要对学生的观察加以引导，明确观察目的，把学生漫无目的的、杂乱无章的观察行为，集中到少数事物或事物的重要方面，排除次要事物的干扰，从而收到理想的观察效果。激发兴趣、引导观察，不但使学生明确了观察的目的，而且锻炼了学生发现问题、解决问题的能力。

观察对象和观察方法对学生来说往往是陌生的，教师应在教学过程中根据观察对象和观察目的，指导学生正确使用相应的观察方法，来达到教学目的，提高学生的观察能力。观察法主要有以下几种：①验证观察法。运用验证观察法，使课本理论具体化、真实化，而且在验证过程中，学生既巩固了已学过的理论知识，又培养了实事求是、追求真理的精神。②比较观察法。比较观察法是抓住事物的特点比较其异同的方法。学生利用比较观察法，使各项观察点既清楚明白又容易记忆，避免了观察内容的混乱。在比较观察的过程中，学生可以初步获得对不同事物进行对比、分析的能力。③循序观察法。循序观察法是指对生物体的形态结构按照一定的排列顺序进行观察的方法。循序观察法能对生物体整体或局部的形态结构全面观察，观察过程详尽而条理清晰，避免了遗漏观察点的现象。④动态观察法。此法常用于生物的生活习性、生理功能、生物现象变化等方面。

观察法应根据观察对象、观察内容、观察目的、观察条件的不同，选择适用的一种或多种观察法。不论采用什么观察法，在观察过程中，学生要做到点面结合，既要全面了解，又要抓住重点观察。

2. 观察法的优缺点

观察法的优点。观察法主要有四个优点：①它能通过观察直接获得资料，不需要其他中间环节。因此，观察的资料比较真实。②在自然状态下的观察，能获得生动的资料。③观察具有及时性的优点，它能捕捉到正在发生的现象。④观察能收集到一些无法言表的材料。

观察法的缺点。观察法主要有五个缺点：①受时间的限制，某些事件的发生是有一定时间限制的，过了这段时间就不会再发生。②受观察对象限制，如研究青少年犯罪问题，有些秘密团伙一般不会让别人观察的。③受观察者本身限制。一方面，人的感官都有生理限制，超出这个限度就很难直接观察；另一方面，观察结果也会受主观意识的影响。④观察者只能观察外表现象和某些物质结构，不能直接观察到事物的本质和人们的思想意识。⑤观察法不适用于大面积的调查。

3. 观察法的作用

观察法是维系数学思维联系最简便的纽带，为数学教育研究提供了最可行的实证工具。通过对不同类型观察法的分析，我们可以看出它在数学教育研究中的重要作用。概括起来，其主要表现在以下几方面：①提供及时调控教学行为的信息，数学教学一线的研究者在教学过程中，通过自然观察，随时捕捉教学信息，或者通过录像带进行自我观察，以局外人的身份审视教学，寻找差距，进行反思，以便及时改善教学行为，积累教学经验。②提供数学教育研究的第一手真实资料，在数学教育研究中，对教与学的发生过程尤其是数学思维过程或心理过程的研究，一般的理论描述难以做到细致入微，且有空中楼阁之感，观察法则是获得此类研究资料的最佳手段，且能保证获得第一手真实资料。例如，对学生自主探究学习的研究，只有通过对各种教学信息的观察分析，才能把握第一手资料，理论研究、问卷、调查等都无法替代，因为一旦打破了自然条件，研究就失去了真实性。③提供数学教育研究的理论假设和课题，在数学教育研究中，对一些教学现象的洞察以及对一些新思想的捕捉，观察法有其自身特有的优势，理论研究也会有一些新思想的萌芽，但这与观察所得的经验资料往往息息相关。事实上，经验资料匮乏，理论研究就会成为无源之水。因此，我们认为，自然观察是发现问题、提出问题的有效方式，而科学观察是产生理论假设，初步形成研究课题的重要手段。

学生进行观察要注意三点：一是要有意识、有目标，处处留心；二是要有基础，有必要的相关知识，否则难以看出"门道儿"；三是要有方法，要抓住要领，尤其要特别注意从个别中想到一般，从平常中发现异常。

（二）实验

实验是人们根据一定的研究目的，运用一定的物质手段，在人为地控制或模拟自然现象的条件下，使自然过程或生产过程以纯粹的、典型的形式表现出来，这样可以暴露它们在天然条件下无法暴露的特征，以便人们进行观察、研究、探索自然界的本质及其规律的一种研究方法。任何实验都和观察相联系，观察是实验的前提，实验是观察的证实和发展。在数学中，我们解决某些实际问题时的想象实验性推理，就属于思想实验的运用。

实验法是通过主动变革、控制研究对象来发现与确认事物间的因果联系的一种科研方法。其主要有三个特点。第一，主动变革性。观察与调查都是在不干预研究对象的前提下去认识研究对象的，并发现其中的问题。实验却要求主动操纵实验条件，人为地改变对象的存在方式、变化过程，使它服从于科学认识的需要。第二，控制性。科学实验要求根据研究的需要，借助各种方法技术，减少或消除各种可能影响科学的无关因素的干扰，人们在简化、纯化的状态下认识研究对象。第三，因果性。实验是发现、确认事物之间的因果联系的有效工具和必要途径。

（三）比较

1. 比较的定义

比较是确定有关事物的共同点和不同点的思维方法。数学中的比较是多方面的，包括量的大小比较、形式结构和关系的对比、数学性质的比较。在解题过程中，它既是一种整体的思考方法，又经常在各个局部加以运用。从数学概念的发展、命题的推演或证明，到数学问题的解决，其中都渗透着比较方法的运用。

2. 数学教学中的比较法

比较要正确选择比较对象。哪些问题需要通过比较来证实？比如，小数的初步认识。学生对小数并不陌生，但从理论上讲述，这种知识是不牢固的，必须把整数的加减法同小数加减法相互比较获得感性认识。

比较要有一定的练习量。比较还需有一定的练习量，达到加深印象，进一步巩固的作用。比如，长度单位与面积单位。这类知识达不到一定的量，是不可能在大脑中留下永久性印痕的，不断比较、归纳，才能有所理解，有所收获。

比较要从感性到理性。在教学中比较，这种做法是学生易于接受的，但若是拘泥在这个层面上就远远不够了。感性认识是生动的，也是浅显的，只有以感性知识作为基础，加以判断、推理，其才能上升为理性认识，才能揭示事物的本质。我们用比较法只是数学教学迈出的第一步，在此基础上再开展讨论、分析、归纳、总结活动，学生的认识就会有质的提高。

比较法与其他教法一样，都属于教学手段而不是目的，教师在实际运用中应避免形式主义的倾向，只有恰当地运用比较法，才能收到预期的教学效果。

（四）分类

1. 分类标准

分类是以比较为基础，按照事物间性质的异同，将相同性质的对象归入相同类别，不同性质的对象归入不同类别的思维方法。分类原则是不重复、不遗漏的。其标准：①依据数学概念的内涵，按有无此属性分类；②依据定理、公式、法则适用范围的限制，按限制与突破限制分类；③依据图形相对位置的变化，按变化的"临界位置"分类；④依参数的变化，按变化使结论产生"质变"的临界值分类。

2. 分类需要注意的事项

分类讨论的一般步骤是确定分类标准、恰当分类、逐类讨论及归纳结论。分类讨论问题时要注意：①识别讨论的情境，确认讨论的对象，是分类讨论的前提；确定分类的标准是分类讨论的关键；逐类严密地讨论是分类讨论的主体。②数学概念的内涵、公式法则适用的限制、图形相对位置的变化、参数取值的变化是确定分类标准的主要依据，思想的整体意识是正确分类讨论的保证。

（五）系统化

系统化是在分类的基础上，把整体中各个部分的相关性按照某种顺序组成体系的思维方法。它能以不同的侧面揭示客观事物之间及其内部的错综复杂性，能反映客观世界的整体性和统一性，但是客观事物的本质具有不同的层次，因此系统的表述对某一整体而言不是唯一确定的，通常需要由思维的目的和研究的角度来决定。例如，数学中的各种概念系统、性质系统、公式系统、方法系统就是以不同的分类标准构成的不同的系统。

（六）演绎

演绎是由一般性较大的前提，推出一般性较小的结论的推理方法，也是由一般到特殊的思维方法。运用演绎思维进行推理，其依据是已知事实或真命题，推得的结果就一定正确，因此演绎方法是数学证明过程中经常使用的严格推理方法。它侧重求解和论证，对训练技能、技巧提升有很大的作用。

演绎推理结构由三个判断组成，通称"三段论"，是由大前提、小前提及结论构成的。"三段论"中的三个判断，每个判断中都含有两个概念，称为名词，每个名词在"三段论"中各重复两次，所以有三个独立的不同的名词出现，这是"三段论"的特点，也是演绎推理的特色。其推理反映命题的一个因果关系，大、小前提是"因"，结果是"果"。演绎推理不论采用何种形式，除前提必须正确外，还必须注意前提对结论而言的充分性和必要性，否则就会产生错误的结论。

（七）归纳

归纳是指通过对特例的观察和总结去发现一般规律的方法。波利亚指出："归纳过程的典型步骤：首先找到某些相似性；其次是一个推广的步骤，即把所说的相似性推广到一个明确表述的一般命题；最后，我们又应对所得出的一般命题进行检验。"

数学史上有很多由于运用归纳法而导致错误论的例子，即使是数学大师也不例外。通过归纳法所得的结论未必可靠，但它具有由特殊到一般、具体到抽象的认识功能，对科学的进步是十分有用的。这正如高斯（Gauss），他的许多定理是靠归纳法发现的，这证明其只是一个补行的手续。

归纳法往往对研究对象无限的问题不能保证其正确性,因此需要一种新的方法来解决问题,数学归纳法就是这样的一种方法。

(八) 数学归纳法

数学归纳法是用来证明与自然数有关的数学命题的一种方法。人们通过"有限"步骤,证明对"无限"多个自然数都是正确的。证明步骤:

①当 n 取第一个值 n_0 时,某个论断成立;

②假设当 n=k 时某论断是正确的,证明当 n=k+1 时,论断也是正确的。

人们从而可以肯定这个论断对 $n \geq n_0$ 的所有自然数都成立。其第一步证明,也叫奠基步,是递推的基础,它解决了矛盾的特殊性;第二步证明是递推的依据,两步缺一不可。它是必然性的推理方法。

演绎与归纳从辩证观点来看,两者是相辅相成、对立统一的。演绎必须以归纳为基础,否则就无法发现更高层次的新知识;归纳要以演绎为指导,归纳的结果往往用演绎推理来证明。归纳和演绎的互相渗透,在数学归纳法中体现得最明显。数学归纳法中的两个步骤,固然是归纳、推理,但在每一步之中,其中的证明过程又是演绎推理了。

(九) 分析与综合

分析与综合是数学思维的两种基本方法,是其他数学思维方法的基础。它们在数学思维过程中以不同的形式出现。

分析是把研究对象分解为它的各个组成部分,然后对这些组成部分分别进行研究,从而认识事物的本质和规律的一种思维方法。例如,为了系统地、深入地理解圆锥曲线的性质,我们按离心率 e 的取值范围将其分为椭圆、双曲线和抛物线,逐一研究各自的性质,继而分析它们之间的联系和区别。综合是把研究对象的各个组成部分联系起来进行研究,从而在本质上把握事物的性质和规律。例如,我们将椭圆、双曲线和抛物线的性质及相互关系统一进行研究,挖掘共同属性,最终得到圆锥曲线最本质的内容。

分析法还是特指从结果追溯到产生这一结果的原因(执果索因)的一种

思维方法。综合法则是一种从原因推导到由原因产生结果（由因导果）的思维方法。在这种意义下，解答应用题时，算术方法体现的是综合，而代数方法体现的是分析。

（十）抽象和概括

抽象是把研究的事物从某种角度看待的本质属性抽取出来进行考察的思维方法。其就是把大量生动的关于现实世界空间形式和数量关系的直观背景材料，进行去粗取精、去伪存真、由此及彼、由表及里的加工和制作，从而提炼数学概念，构造数学模型，建立数学理论的过程。数学中的概念、关系、定理、方法、符号等都是数学抽象或再抽象的思维结果。抽象性是数学科学的本质特点之一，因此抽象思维是数学学习的基础之一。在数学教学中，训练学生的抽象思维可以从具体事物或实际问题的数学抽象做起，逐步提高抽象度，逐步发展抽象思维能力。

我们以著名的哥尼斯堡七桥问题来对抽象和概括方法进行直观认识。18世纪初普鲁士的哥尼斯堡有条普莱格尔河，这条河有两条支流，在城中心汇成大河，中间是岛屿。河上有七座桥，问能否从某地出发，经过每一座桥一次且仅一次，然后返回出发地。

思考方法：数学中的图论，最早就开始于哥尼斯堡七桥问题，这个问题很长时间没有得到解决，后来在 1736 年，瑞士数学家莱昂哈德·欧拉（Leonhard Euler）利用数学抽象方法，成功地做出了解答。具体地说，欧拉敏锐地看到，整个问题与所走路程的长度无关，岛屿与河岸无非就是桥梁的连接地点。因此，欧拉把两个岛和河两岸抽象为四个点，把七座桥抽象为七条线。这样，七桥问题便等同于一笔画出的问题。从哥尼斯堡七桥问题可看出，数学抽象具有三个显著的特征：①数学抽象有着明确的目标，都是撇开对象的具体内容，仅仅保留空间形式或数量关系；②数学抽象适用的范围广泛，既有以提炼数学概念为基本目的的表征性抽象，又有旨在探索数学理论的原理性抽象；③数学抽象有着丰富的层次，不仅表现为直接从现实世界中抽出相应的空间形式和数量关系,而且还表现为在已有数学知识的基础上抽象新概念、建立新理论。

概括是把抽象出来的若干事物的共同属性归结出来进行考察的思维方法。概括要以抽象为基础,它是抽象的发展。抽象度越高,则概括性越强,将从概括中获得的概念和理论运用于实际时,其迁移范围就更广。也就是说,高度的概括对事物的理解越具有一般性,则获得的理论或方法就越有普遍的指导意义。

抽象和概括是密不可分的。抽象可以仅涉及一个对象,而概括则涉及一类对象。人们从不同角度考察同一事物会得到不同性质的抽象,即不同的属性。概括则必须从多个对象的考察中寻找共同的相通性质,抽象思维则侧重分析、提炼,概括思维则侧重归纳、综合。数学中的每一个概念都是对一类事物的多个对象进行观察和分析,抽象出不同对象的不同属性,再通过归纳,概括出各个对象的共同属性而形成的。在解决数学问题时,人们得出数学的模型、模式,总结解题的规律和方法,这些规律和方法都是通过分析、比较、抽象、归纳等思维环节,最后进行理论概括的结果。

(十一) 特殊化与一般化

梅森(Mason)是英国开放大学数学教学系的主任,他集中研究了数学中的特殊化和一般化方法及其在解题过程中的作用。他指出特殊化与一般化正是数学思想的核心,同时也是怎样解题的关键所在。

特殊化通常是指考虑一般性命题的特殊例子,或如波利亚所说,从考虑一组给定的对象集合过渡到考虑该集合的一个较小的子集,或仅仅考虑一个对象。特殊化的思维作用包括以下两方面。

(1) 演绎作用。我们通常可将研究问题或对象看成一般性问题或对象,按照增加约束条件,利用其局部或个别情形进行考察等方式得出特殊性问题或对象。这样的特殊化是演绎的形式之一。例如,由多边形得出三角形或四边形、由整数推向奇数或偶数、由变量换成常量、将非严格不等式换成等式，由命题"三条平行线截两条直线，所得的对应线段成比例"，推出命题"如果三条平行线在一条直线上截得的线段相等，那么在其他直线上截得的线段也相等"等此类的表述，这些都是特殊化的结果。

（2）通过对特殊和个别的分析去寻求一般。用这种方法获得对所研究对象的性质或关系的认识，找到解决问题的方向、途径，这就是解题时的"以退求进"的思维方法。通常采用的"极端化原则"，特例、反例分析法等都属于这个范围。

一般化是把研究问题或对象从原有范围扩展到更大范围进行考察的思维方式。它是一种特殊的概括，是将个别事物或对象推广到更普遍的情形。在数学中，我们经常通过改变条件、用变量去取代常量等来获得更一般的结论。相对特殊化而言，一般化是较为困难的，然而一般化又是数学创造的基本形式，因为数学认识的根本目的就是要揭示更为普遍、更为深刻的事实或规律。特殊化与一般化是在两个相反的方向上进行的，但是这两者在实际的数学研究中又是密切相关、互相依赖的。

（十二）模型化与具体化

模型化或模型方法是通过抽象、概括和一般化，把研究的对象或问题转化为本质（关系或结构）同一的另一对象或问题进行解决的思维方法。人们通常把被研究的对象或问题称为原型，而把转化后的相对定型的模拟化或理想化的对象或问题称为模型。模型化思想强调事物的整体性和本质同一性，因此所建的模型必须能真实反映原型的整体结构、关系或某一过程、某一局部、某一侧面的本质特征和变化规律。模型总体上可分为实物模型和思想模型两大类，表现形式多种多样，如数学模型、物理模型、逻辑模型、图形模型、功能模型等。模型化使研究对象的处理典型化、形式化和精确化，从而在对认识的方法上也起到清晰化、简洁化的作用。

数学模型是针对或参照某种事物系统的主要特征、主要关系，用形式化的数学语言，概括地或近似地表述出来的一种数学结构。它是从现实世界中抽象出来的，是对客观事物的某些属性的一个近似的反映。

欧拉对七桥问题的巧妙解决，是通过构造数学模型来实现的，七桥问题是一个具体的实际问题，属于数学模型的现实原型，经过理想化抽象得到一笔画问题，便是七桥问题的数学模型。这种只反映特定问题或特定的具体事物系统的数学关系结构，属于狭义上的数学模型。在现代应用数学中，数学模型都作狭义的解释，构造数学模型的目的，主要是为了解决具体的实际问题。从广义上讲，一切数学概念、数学理论体系、各种数学公式、各种方程式、各种函数关系以及由公式系列构成的算法系统，都可称为数学模型，因为它们都是从各自相应的现实原型中抽象出来的。在利用数学模型方法求解时，学生需要有多方面的能力，如理解实际问题的能力、数学抽象能力、运用数学工具的能力、通过实践加以验证的能力。为此，在平时的学习中，学生应当多接触一些实际问题，多了解相关的学科知识。

（十三）类比与映射

类比是一种间接推理的方法，也是一种科学研究的方法。它以比较为基础，首先对两个不同对象的某些属性进行比较（从特殊到特殊），找出它们的相似点或近似程度，然后再联想或预见。在解决数学问题的过程中，研究者为了寻找解题的线索往往借助类比的方法，在将陌生对象和熟悉对象、未知规律和已知规律进行对比之后，常常能达到触类旁通、举一反三的效果。这种类比多种多样，因而概念往往是含糊的，但它却是提出新问题和获得新发现的一条重要途径。常用的类比有平面与空间的类比、数与形的类比、有限与无限的类比、新问题与典型例题的类比、数学模型的类比等等。

因为类比思想的逻辑是充分的，所以它是有必然性的。类比显然不能作为一种严格的数学证明方法，但它却可以帮助人们建立猜想，在困难的条件下，为了寻找解题的线索，人们常常要借助类比，正如康德所说，"每当理智缺乏可靠论证的思路时，类比这个方法往往能指导我们前进"。数学家多是运用类比法的能手，欧拉曾说，"类比就是大胆创造。不过，你应该首先

153

找到双方的相似属性"。映射（缩写为 RMI 原则）是关系（R）、映射（M）与反演（I）的简称，笼统地说，它是指在两类数学对象或两个数字集合的元素之间建立的某种"对应系统"。

高中数学中经常使用的七种基本方法：直角坐标法、极坐标法、复数法、参数法、对数法、换元法和向量法，都是 RMI 原则的具体运用。

映射方法的认识依据是两个关系系统的对应，而类比方法则侧重性质上的相似。两种方法之间是不存在交叉的，例如，数形转化既是一种映射方法的体现，也是一种类比方法的运用。RMI 原则的思维作用有两方面：一是能在数学学习和研究中用来加深对知识或方法的理解，发挥探索数学新知识、指导数学研究和发现的作用；二是能在数学解题中起到开拓思路，使问题的解决达到由难化易、由繁化简的目的。

（十四）联想与猜想

联想是由一个事物想到与其相关的另一个事物的思维过程，是一种由此及彼的思维方法，是直觉思维的一个重要方式。它在数学发展过程中有着广泛的应用，并发挥着重要的作用。数学思维活动中常见的联想有逆向联想、定向联想、类比联想、形似联想、相关联想等等。

人们通过联想，使旧问题的解法重现，在解决旧问题方法的启发下，人们再开始动脑筋创造新问题的解决方法。因此，旧方法是形成新方法的前提，新方法是发展旧方法的结果，而联想则是发现的中介。广泛的联想可以使我们的智慧插上矫健的翅膀在知识的天空中自由翱翔；广泛的联想可以为我们的数学发现活动开拓出五彩缤纷的道路。

那么遇到问题时，我们从哪几方面去联想呢？我们应从概念上联想，从特殊与一般的关系上去联想，从条件与结论的因果关系上去联想，从数形结合上去联想，从待证命题去联想相近的已证命题，从解题的典型方法去联想，从命题的条件或结论进行逆向联想，还可以从相邻学科进行联想，由空间图形联想到平面图形，几何问题联想到三角方法、解析方法，从三角问题联想到几何方法、代数方法等。

猜想是对研究的对象或问题进行观察、实验、分析、比较、联想、类比、归纳等，并依据已有的材料和知识做出符合一定的经验与事实的推理性想象的思维方法。它是一种合情推理，属于综合程度较高的带有一定直觉性的高级认识过程。数学猜想就是指依据某些已知事实和数学知识，对未知量及其关系所做出的一种似真推理。

现代认知理论认为，学习是主体主动的意义建构活动，是主体在头脑中建立和发展数学认识结构的过程，是数学活动及其经验内化的过程。因此，猜想是在建构活动中，主体对当前活动思考的过程，它使外部知识与内部创造达到暂时的平衡。思辨中缺少了猜想，数学材料就不能形成主体的心理认知结构，从而造成意义建构失败。所以，一方面，猜想是构建数学认知结构时主体思辨活动的关键一步；另一方面，猜想能促进知识的同化和顺应的进行，加速知识的发生和迁移。

三、数学创新思维的培养途径

（一）数学思维品质的培养

思维的发生和发展，既服从一般的、普遍的规律，又表现出个性的差异。这里所说的个性差异是指不同的个体，具有不同的思维特点。个体思维活动的特殊性的外部表现称为思维品质，它是评价和衡量学生思维优劣的重要标志。思维品质的差异实质上表现为人的能力的差异，因此在数学教学中，教师要重视对学生良好的思维品质的培养。

1. 思维的深刻性

思维的深刻性是指思维活动的抽象程度和逻辑水平，它集中表现在学生善于透过现象和外部联系，揭示事物的本质和规律，深入地思考问题，系统化、一般化地解决问题。深刻性是思维品质诸特性中最具基础和较为深刻的要素，对其他品质特性具有统摄与联动作用。思维的深刻性通常具有如下几方面内在与外在特征：善于从本质上理解数学对象；善于运用对立统一的观点理解数学对象；善于思辨，敢于质疑问题；善于对学习中的问题深入思考，勇于尝试创造性的学习。学生的思维活动应至少向下述四种特征的方向发展，才能建立深刻的思维。

（1）创"情"设"境"——让学生在知识起点做到深刻理解知识。例如，在概念教学中，教师通过精心设计，创设思维情境，加快知识的探索与形成过程，来增强学生思考、探索与尝试的体验，这是帮助学生深刻理解数学概念本质较为成功的一种做法，目的是要让学生在知识起点就做到深入理解知识。比如，异面直线概念教学，教师让学生每人拿两根小竹竿放在桌面上，观察各种位置关系。除平行和相交外，它们还存在既不平行又不相交的情况，教师概括出异面直线概念中不共面的本质属性，给出定义，进而设计出异面直线概念的肯定例证和否定例证，来巩固和深化概念，在完善学生对空间两条直线位置关系认识的基础上，使学生形成相应的概念系统。

（2）触"数"思"形"——让学生在对立统一观点的运用中体会深刻的思维。数与形是事物的两方面，用形帮助学生构建数的认知结构常常能获得独到的效果。课本中的很多代数方程的问题，由于受某些因素的制约，未能再从几何方面引导学生的思考。因此，对某些典型的、启发性强的代数问题，教师可组织学生从形的角度思考。这样处理有利于帮助学生构建数形统一观，促进其对问题的深刻思考。

（3）引"思"论"证"——让学生在严谨的论证中探求深刻的思维。课本中的结论一般都正确，但教师可引"思"论"证"：这个结论正确吗？你能证明吗？教师用这样的提问来引导学生课后思考、论证，培养他们不轻信、不迷信的品质，使他们敢于在学习中进行自我定位。

（4）循"斑"捕"豹"——让学生在问题探究中学会深刻的思维。课本中的很多问题都有其深刻的背景，或为某一般性结论的特殊情形，或蕴含某种规律、方法等。教师要善于组织学生循"斑"捕"豹"，诱导学生分析归纳、合情推理或延伸探究,为学生尝试创造性的学习构筑平台,让学生在更深的层次上、更高的观点下加深对问题的理解,培养他们善于观察、比较、分析、归纳与探究的意识和能力。这是学生思维深刻性培养的一个增长点。

2. 思维的广阔性

思维的广阔性是指思路宽广,善于多角度、多层次地进行探究思考。数学思维广阔性指的是对一个数学问题能从多方面考虑;对一个对象能从多种角度观察;对一个题目能想出多种不同的解法,即一题多解。数学思维广阔性的培养一般从两方面着手,即一题多种解法和一题的多种演变。

与思维广阔性相对立的是思维单向性,即在解决问题时不善于寻找和运用问题中所需的全部材料,只能从一个方面考虑问题。例如,有 $4×6=24$ 个方格,每个方格可以放置一个奶瓶,现要放置18个奶瓶,但横竖都要保持偶数,问如何放置?若用"O"表示放奶瓶,很难兼顾题中要求;若用不定方程解,又"小题大做"了。我们现从反方向来考虑,用"X"表示不放奶瓶,则只需在6个方格上打"X",使横竖都为偶数就可以了,可见用最后一种方法解答就简单多了。思维的广阔性要求学生从多方面考虑问题,上面提到的方面就是平时提到的逆向思维,这对开阔思路是很有益的。

3. 思维的灵活性

思维的灵活性是思维活动的灵活程度,主要表现为具有超脱习惯处理方法界限的能力,即一旦所给条件发生变化,便能改变先前的思维途径,找到新的解决问题的方法。思维的灵活性主要表现为对随时出现的新条件迅速确定解题方向,还表现为以一种解题途径转向另一种解题途径的灵活性,也表现为从已知数学关系中看出新的数学关系,从隐蔽的形式中分清实质的能力。思维灵活性的反面是思维的呆板性,或称心理惰性,其表现是思维定式。知识和经验经常被人们按照一定的、个人习惯的"现成途径"反复认识,这就产生了一种先入之见,使思维倾向某种具体的方式和方法,使人在

157

解题过程中总是遵循已知道的规则系统，即思维定式。它是发明和创造活动的极大障碍。

思维定式也有好的一面，即在解同一类型问题时，可不必重新安排解题程序。因此，教师应帮助学生克服思维呆板性的消极一面，及时引导学生在新的情况下寻找新的解题途径。

4. 思维的独创性

思维的独创性是指思维活动的创新程度。它表现为思考问题和解决问题时的方式方法或结果的新颖独特、别出心裁。这里的"独创"不只是结果的独创，还包括思维活动的创造性态度。善于发现、解决和引申问题是思维独创性的具体表现，它较多地寓于数学直觉思维和发散思维之中。思维独创性的反面是思维的保守性，它主要的表现是思维受到限制，落入俗套从而产生思维的惰性。消除学生思维保守性的方法是在加强基础知识学习和基本技能训练的前提下，让学生独立思考，让学生从分析问题的特点出发，去探求新颖独到的解决问题的方法。

5. 思维的敏捷性

思维的敏捷性是指思维活动的反应速度和熟练程度。它表现为思考问题时敏捷快速，善于运用直觉思维，善于使用数学模式。敏捷是以准确为前提的，是建立在掌握了扎实的基础知识和熟练的基本技能，正确领会知识和把握问题的实质的基础之上的。

6. 思维的批判性

思维的批判性就是善于发现问题、提出疑问、辨别是非的一种思维品质。批判性的思维是一种实事求是、周到缜密的思维。思维的批判性主要体现在以下三方面：①对已有的数学表述能提出自己的看法，不盲从附和；②能严密地、全面地利用已知条件，在关键之处能及时、迅速地自我反馈；③有能力评价解题思路正确性。学生用批判性的态度去分析解题过程，发现其中的不足，不断加以改正和完善，这也是批判性的体现。

(二) 数学创新思维培养

学生思维批判性的培养首先要落实在数学概念和命题的教学中。数学教学的核心是发展学生的数学思维能力。因此，数学教学不能仅停留在传授知识上，而应进一步围绕数学思维能力的基本特征，认真对学生的数学思维进行培养，提高学生的思维水平。如何对学生的数学思维进行培养？我们应从对学生的思维训练入手。如何抓好学生的思维训练？其关键是抓住思维训练的内容、类型、水平与层次，训练思维的敏捷性、独立性和逻辑性，排除思维定式的障碍，使学生思维流畅。我们下面主要介绍常用的思维训练方法。

1. 实验演示，启迪思维

"实验演示"指的是学生在教师设计的情境下进行实验，通过直观形象地让自己发现真理和论证思路。教师训练学生从实验的教学材料中启迪思维，使学生迅速抓住对象共同的本质属性，同时加以抽象形成概念或归纳出规律。

实验使学生通过感知和想象，对抽象的东西，在头脑中建立鲜明而确定的形象。实验的直观性，是为了促进学生的自觉思维，启发学生经过逻辑思维，逐步揭露事物的本质属性和内在联系，从而达到抽象思维，即深刻理解。教师加强直观性教学，有利于调动学生学习中的兴趣，对提高学生的思维能力效果极佳。

2. 观察联想，活跃思维

所谓的"观察联想"就是让学生在观察图形、算式时展开联想，找到解决问题的思路。学生思维呆滞，常反映在不能通过思考和探索去寻找解题思路上。学生克服思维呆滞性的途径是训练学生观察联想，活跃学生的思维，培养学生思维的灵活性。观察联想的方法：①定向联想，有预定的目的，以达到某一目标为方向的联想；②接近联想，为求把观察同直接或间接接触的事物相联系，并通过想象寻找它们的相同点；③类似联想，即以性质接近、形状相似的同类内容联想，可以给人们很大的启发；④对比联想，即对具有相反特点的事物进行比较联想。

3. 类比发现，激励思维

所谓的"类比发现"就是鼓励学生在考虑问题时，比一比、想一想，在思维中确定所研究对象的相同点和不同点，以此加深学生对问题的理解，使学生发现所研究对象的实质。例如，一元二次不等式与一元二次方程在形式上有很多相似的地方，因此在一元二次不等式的教学中类比一元二次方程的形式、概念、解法可收到较好的学习效果。一元二次不等式和一元二次方程的解法有许多类似之处，如都要运用因式分解、配方、求根公式法等方法（就是求同），然后，由于所讨论的是不等式，最终所得的解是与两根有关的一个确定的范围。显然，学生通过这样的类比，激励思维，一元二次不等式的求解就容易掌握了。我们将与图形相似的同类内容进行比较，类比异同，从中发现联系，抓住实质进行分析，来提高学生的解题能力。

有些几何命题或它们的图形之间有某些联系或相似之处，通过类比，往往能由一题的解题方法启发另一题的解题思路。学生对图形仔细观察分析，发现相似之处，从中找出一些联系，往往就能启发思路，获得解题途径。这样做一题，可以贯通几题、解决一类问题，学生的智力得到开发，能力得到培养。

教师运用"类比"的方法进行思维训练，要从教材和学生的实际出发，通过铺垫伏笔创设"最近发展区"，来激励通向"现实发展区"的联想和跃迁。教师在讲分式的定义和性质时，从分数的定义和性质想起，抽象的问题可从类似的具体问题想起等，可激励思维不断发展，增强思维的灵活性。

4. 反向练习，进行逆向思维训练

所谓的逆向思维，就是"反其道而行之"，即从反面想问题的思路。当你左思右想不得其解时，你不妨从反面（相反的属、相反的状态、相反的过程）思考一下，有时反而茅塞顿开，收到意想不到的效果。逆向思维可以使人们突破传统的思维定式，开拓科学的新领域，结出丰硕的创造之果。逆向思维不仅可以加深学生对原有知识的理解，而且还能发现一些新的问题，引起学生的兴趣与思考。教师对学生进行逆向思维训练要做到：一是在概念教学中注意反方向的思考；二是重视逆定理和公式逆用的教学；三是强调某些基本数学方法的逆用。从正向思维向逆向思维，这对能力差的中学生来说，他们是深感困难的，对他们建立逆向思维是特殊的学习任务。教师要加强训练，先讲正向变形，在正向变形训练到较为熟悉后，再转向逆向使用公式训练。只讲单向，造成的弊端是思维上的"半导体"，对重点、难点的公式，教材只讲正向使用，为了使学生深入理解，灵活运用，要补充逆向联结训练。

5. 变式训练，深化思维

所谓的"变式"就是变换问题的条件和结论，变换问题的形式，体现在教学中就是对数学的概念、法则、定理、公式、题目等从变换思维角度去联想、去推广，不但可以培养学生的创造性思维能力，而且能将知识深入，提高学生分析问题、解决问题的能力。我们现列出几种常用的方法。

（1）变换问题的形式和内容。同样的数量关系和逻辑关系，常可表现为不同的形式，我们掌握了这种关系后，可以编出与这种关系相同而表达形式不同的问题。

（2）保留条件，深化结论。我们对现有的题目，挖掘更深层次的结论，在现在的结论基础上，追问更深的结论，或者在当前条件下，增加一个已知，再增加一个求证的结论。

（3）保留结论，减弱条件。对当前题目，我们考虑由比较弱、少的条件就能得到结论，即把条件设置到最小化，来加强对条件和结论之间联系的认识。

6. 多向思考，广开思路

多向思考即多向思维，是指认识主体（即认知者本人）考察、审视思维客体（即认知对象），从不同角度、全方位地考虑问题，且思维要力求灵活、变通、广开思路。为提高学生分析问题和解决问题的能力，教师必须改善和提高学生思维艺术，变单向思考为多向思考。训练学生的多向思维品质，在教学中，教师要引导学生从不同的角度、不同的方向探索解决问题的思路，增强思维起点和思维过程的灵活性，抓好各部分知识之间和各种方法之间的联系，做到"一题多变""一题多解"。

教师在教学中要善于引导学生从正向、逆向、横向、纵向等去探索问题，精心联想、广开思路、有的放矢地转化解题方法，即把解题方法从一条途径转化为另一条途径，变单向思维为多向思维。

7. 质疑问难

质疑问难是培养创造性思维所不可少的手段。所谓的创造性思维，是指人类认识史上第一次产生的、前所未有的、具有一定社会意义的思维活动。创造性思维的特征是新奇独特、别出心裁、突破常规、不落俗套或几方面兼而有之。其概括起来即探索、进攻、突破、创新。在创造性思维过程中，发散思维起主导作用，是创造性思维的核心。唯有"发散"，才能获得各种可供分析、综合的信息，以便对问题进行全面、深入的研究；唯有"发散"，才能多角度、多层次地从不同方向去思考，使学生在亲身的探索中掌握知识间的内在联系，深刻地理解知识、巩固知识和灵活地运用知识，培养学生创造性思维能力。

在数学教学中，教师培养学生创造性思维，教师应把着眼点放在引导学生解决问题和探索各种规律性上，让学生在已知领域有所创新，在未知领域有所发现或突破。在数学教学中，教师培养数学创造性思维的具体措施有如下三方面。

（1）培养勇于探索的精神。勇于探索的精神是数学创造性思维的前提。教师要培养学生勇于探索的精神，就应为学生创造良好的探索环境。比如，教师要鼓励学生"敢于质疑问难""寻根问底"。

（2）探索关键。教师要敢于放手让学生亲自探索知识的形成过程。教师要把探索引导到关键问题或主要结论方面。在探索前或探索中，教师要引领学生的思维方向，启发学生独立思考。教师要提出质疑，让学生带着问题追根究底，把数学知识的形成过程，转化为学生的思维活动。

（3）加强发散思维的训练。所谓的发散思维是一种不依常规，寻求变异从多方面寻求答案的思维方式。其主要功能是开阔思路、求异创新。例如，一题多解，就是多方面寻求问题的不同解法，殊途同归。

一般说来，数学上的新思想、新理论和新方法往往源于发散思维。可见，加强发散思维的训练，确实是培养学生数学创造性思维的中心环节。

8. 鼓励猜想

猜想是一种直觉思维。猜想能够创造科学。因而，教师要精心设计问题情境激起学生强烈的猜想愿望。猜想有正确的，也有错误的。教师应该提倡并且鼓励学生猜想，猜想错了也无妨，错误的猜想往往成为正确猜想的先导，解数学题中运用猜想，可以猜想解题的结果，猜想解题思路和方法，猜想与联想、类比紧密联系着，联想和类比往往是猜想的先导或基础，启发着猜想。常用的猜想方法有：①引导学生进行小范围的探索活动，创设适当的问题情境，让学生有充分的准备时间进行猜想；②利用发散性题目，如编写信息不完全或信息多余的题目，结论不定或没有提出问题的开放型题目，有利于激发学生的猜想热情；③改变题目或引申发展等，来增加猜想的因素；④迁移猜想，由一元一次方程解法可以猜想到一元一次不等式的解法；由二元一次方程组的解法，可以猜想到三元一次方程组的解法；由一元一次方程的定义，可以猜想到一元二次方程、二元一次方程、三元一次方程的定义；⑤观察分析猜想，如因式分解、图形性质都可由观察分析因式、图形而猜想出解题方法和结果。

猜想思维，它是人类各种思维活动中最宝贵的思维形式。有了这种思维，人类社会才能不断向前发展。

9. 引导归纳

归纳思维模式是加拿大课程理论学家希尔达·塔巴（Hilda Taba）女士提出的，是为了提高学生处理信息的能力而设计的。她认为要教会学生确认和列举与问题有关的资料，以相似性为基础对资料的项目进行分类，对这些类别形成范畴。归纳思维的过程不仅包括集中利用信息来解决问题，还包括创造性的加工信息。加强归纳思维训练的方法有三种。

（1）归纳、推广。教师要从学生能了解的实际事例或已有的知识出发，积极启发、引导学生进行归纳、演绎、分析、综合、抽象、推广，在中学数学教学中应该注重归纳、推广能力的培养，让学生将一些力所能及的问题归纳、推广是大有益处且切实可行的。

（2）归纳小结。每节课所学的知识，引导学生把知识归纳成小结，纳入知识结构中。其形式根据内容可采取列表、图解或图文形式。

（3）归纳解题方法。例如，我们对定理"三角形任何两边的和大于第三边"进行推论，推论1：三角形任何两边的差小于第三边。我们由上述定理及推论1不难得到推论2：三角形任何一边大于另两边之差，小于另两边之和。教师将这两个推论介绍给学生，有利于培养学生的归纳思维，有利于培养学生的概括能力和逻辑推理能力。

10. 模拟换位

模拟换位也称换位思维，就是当自己的思维策略受挫时，不妨模拟别人的思维角度，把自己由主体地位放至客体地位，重建思维顺序，理顺思维关系，也可使问题得以解决。

有些数学题，仅从某个固定角度思考，往往一筹莫展，学生这时可运用换位思维的方法改变一下思考角度。

第二节　创新思维下的数学教学目标

一、数学课程目标

高中数学课程目标，是在党的教育方针指导下，根据高中教育的培养目标、数学学科的特点，并结合学生的年龄特点和认知发展水平提出的，是高中数学课程在学生基础知识、基本技能、基本能力、个性品质和世界观养成等方面所应该完成的任务。

高中的数学教学目标，至少包含四方面的要求：①使学生切实学好数学基础知识；②使学生形成基本的数学技能；③发展学生的数学能力；④培养学生良好的个性品质和正确的世界观。我们下面将对高中的数学教学目标做进一步的讨论。

（一）切实掌握数学的基础知识并形成基本技能

1. 数学基础知识

普通高中教育是加强基础知识的教学，使学生理解和掌握好基础知识是高中数学课程的重要任务。在数学学习中，学生基本技能的形成和数学能力的培养以及思想品格的形成，都是紧紧围绕着数学知识的学习过程进行的。知识是形成能力的基础，能力离开知识便是无源之水，无本之木。技能的形成和发展也是以知识为基础的，技能是在掌握和运用知识的过程中形成、发展的。品格的形成也是以知识为基础的，无论是要学生形成良好的智力品格还是非智力品格，无论是要学生形成良好的个体品格还是社会品格，都应使学生获取相应的知识，产生智慧，来推动能力的提高。

2. 数学技能

技能是学习者在特定目标指引下，通过练习而逐渐熟练掌握的并对已有的知识经验进行运用的操作程序。技能的形成以知识的形成及掌握为必要条件，人们掌握的知识越牢固，越有助于技能的形成。技能一经形成，又会促进人们对新知识的掌握。按技能的性质和特点，我们可以把技能分为动作技能和智力技能。这种划分具有相对性，在智力技能和动作技能的形成和发展过程中，都有对方参与其中，只不过有主次之分。

动作技能主要表现在外部动作，而智力技能是借助内部言语在头脑中进行智力活动的方式。两者有着密切的联系：动作技能经常是智力技能形成的最初依据，智力技能的形成常常是在外部动作技能的基础上，逐步脱离外部动作而借助内部言语实现的，如学生心算，从总是依赖笔算，到逐步脱离外部动作依赖内隐的思维操作来实现。反之，智力技能往往只是外部动作技能的支配者和调节者，往往复杂的运动技能，总是包含认知成分，需要学习者对智力活动的参与，手脑并用才能完成。

高中数学中的基本技能，主要是指导与基础知识相关的运算、作图和推理。它们都表现在学习者为完成数学中相应的任务，按照一定的程序和步骤来进行活动的方式。由于知识、技能和能力是相互联系的，掌握知识是形成技能的基础，形成技能的过程又能加深对基础知识的理解。另外，技能是知识转化为能力的中介，这是因为技能和能力之间存在着对立统一的关系，技能是实现一定价值目标的活动方式，能力则是实现价值目标的保证。人的能力总是借助一定的活动方式而形成与发展的，又总是借助一定的活动方式得以表现的。任何活动方式的实现都需要能力的支持，否则任何活动方式都不可能成为现实。因此，在实际教学中，教师既要重视对学生知识的教学，又要重视对学生技能的训练。

（二）进一步培养学生的能力

培养和发展学生的能力，是现代教学价值体系的中心问题。当今社会，个体的能力水平，无论在社会评价中还是在自我评价中都有突出的地位。科学技术发展的日新月异以及未来社会对人才提出的挑战，使培养的人才不能只停留在能学习现成的结论上,而必须具备主动获取信息、选择信息、勇于创新的能力。因此,在学校教育中,学校重视培养和提高学生的能力不仅是学生个体的需要,还是社会对教育的必然要求。数学教育作为中学教育的主要方面,在能力的培养中,有着不可替代的作用。高中数学教学应把开发学生智力、培养学生能力放到重要地位。

同以前的大纲相比,《普通高中数学课程标准》对能力培养的要求更加全面。除了对以前的教学大纲提出的培养"三大能力"(思维能力、运算能力和空间想象能力)做了必要的增补以外,它还把发展学生的思维能力确定为能力培养的核心。这反映了高中数学在思维训练上的价值。与此同时,它把解决实际问题的能力作为能力培养的重要目的。我们就下面几方面的能力做更进一步的讨论。

1. 数学思维能力

数学是思维的体操。数学思维应包括逻辑思维和辩证思维等方面,教师对中学生的数学思维能力的培养,不仅包括逻辑思维能力的培养,还应包括直觉思维、形象思维和辩证思维能力的培养。

(1)逻辑思维能力。逻辑思维能力应包括三方面:比较分析、综合、概括、抽象等形成概念的能力,分类、系统化等形成知识体系的能力,归纳、演绎、类比等进行推理的能力。逻辑思维能力是人们正确、合理地进行思考的能力。从数学学科对象性质的特殊性来看,逻辑思维能力是数学教学中能力培养的核心,处于能力培养的主导地位。

(2)形象思维能力。所谓的形象思维能力就是运用形象(表象)进行思维。在思维过程中,学生把形象转化为概念,不是把形象的联系转化为抽象的逻辑,而是借助形象的发展变化以及形象之间的联系构成思维的过程。形象思维与逻辑思维在思维的过程中有同等重要的作用。形象思维与逻辑思维的区别:形象思维是一种复杂的、多途径、多回路、非线性的思维形式,而逻辑思维应属于线型的或枝权型的思维形式;形象思维侧重宏观法,而逻辑思维侧重微观法。在高中数学教学中，教师也应将形象思维能力的培养放到重要位置。

（3）直觉思维能力。直觉思维与逻辑思维不同，它不是一种有步骤、有条理、渐进式的思维形式，而是一种整体的、简约的、跳跃式的思维形式。它依靠人们对事物的直接认识，人们要从整体上把握对象，通过一段时间的充分准备，接触问题的实质。这种对问题进行信息加工的过程虽然是在意识中进行的，但是由于思维语言与自然语言的区别，又使人们无法准确地表述这个过程。直觉思维也是一种重要的思维形式，如果说逻辑思维是证明的工具，那么直觉思维便是发现的工具。因此在数学教学中，培养学生的直觉思维能力应引起重视。因为，在数学探索的过程中，直觉思维具有最少的逻辑因素，最多的想象因素，因而有最广大的创造空间。另外，直觉思维总是和敏捷、灵活和创造性等品质联系在一起，因此培养学生的直觉思维能力，是提高人的思维品质的需要。

（4）辩证思维能力。辩证思维或辩证逻辑思维是抽象逻辑思维发展的高级阶段。这种思维依据的不是形式逻辑，而是辩证逻辑。辩证思维的基本形式是具体概念的运用和展开，可以对客观事物的多层本质、多种属性、内在矛盾、相互联系、运动发展做出辩证的判定，从而全面、准确、具体地把握客观事物，以便做出恰当的决策，指导实践。数学中有丰富的辩证思想，充满了大量的矛盾对立又相互依存、相互联系又相互转化的事例。

在教学中，教师要注重引导学生掌握在概念形成等方面的矛盾运动，这样可以使学生得到具体的科学世界观教育。

2. 运算能力

所谓的运算能力是指在运算律指导下对具体式子进行变形的演绎过程。运算的本质是映射，因此它包括的范围十分广泛。高中数学涉及的运算主要有数学式中的各种代数运算、微积分运算、概率运算和大量的数据处理运算。

运算能力是思维能力与运算技能的结合，运算能力不仅表现为能根据法则、公式等进行正确的运算，而且表现在能理解运算的算理，能根据各种条件，寻找合理、简捷的运算途径。可见，掌握运算能力是学习数学的必要基础，也是运用数学知识解决实际问题的基本能力。高中数学教学中的运算能力的培养，主要在于运算中的智力品质的培养，即培养学生正确迅速地进行运算的能力，形成运算的敏捷性、灵活性和独创性等几方面的品质。

（1）运算敏捷性是指学生运算中的智力活动迅速而且准确。提高学生运算的敏捷性要求在数学教学中注重训练学生熟练的运算技能，由"熟"而"巧"，促进学生智力品质的发展。

（2）运算灵活性是指学生在运算中的智力活动的灵活性，它是运算的智力基础。因此，在数学教学中，教师应注重培养学生善于从不同的角度分析和把握问题，使学生多方面进行联想，开拓思路，并鼓励学生用多种方法解决数学问题，使学生善于观察、寻求规律，不断提高学生运算的灵活性。

（3）运算的独特性是指学生在运算中体现的独创精神。这是运算中学生智力活动水平的重要指标。独立思考、敢于创新是提高运算能力的关键，同时也是培养学生创造性智力品质的需要。

在数学教学中，教师要让学生通过独立思考和相互讨论进行一题多解的训练，从而培养学生的创新精神。

3. 空间想象能力

所谓的空间想象能力，就是人们对客观事物的空间形式进行观察、分析和抽象思维的能力。这种能力的特点在于人们善于在头脑中想象出研究对象的空间形式和证明的结构，并能将对实物所进行的一些操作，在头脑中进行相关的思考。空间是与人类生存和居住紧密相关的。了解探索和把握空间，能使学生更好地生存、活动和成长。空间想象力是创新精神所需的基本要素，没有空间想象能力，几乎谈不上任何发明创造。因为，许多的发明创造都是以实物的形态呈现的，作为设计者，发明家要先从自己的想象出发画出设计图，然后根据设计图做出实物模型，再根据模型修改设计，直至最终完成。这是一个充满创造性和丰富想象力的探索过程，这个过程也是人的思维不断在二维和三维空间转换，利用直觉进行思考的过程。空间想象力在这个过程中起着至关重要的作用。另外，数学是研究客观事物的空间形式和数量关系的科学，因此，正确地认识客观事物的空间形式是学习数学所需的一种重要能力。在数学教学中，教师培养学生的空间想象能力，有十分重要的意义。为培养学生的空间想象能力，教师应注意以下五点：①必须使学生对基本的几何图形（平面与立体）非常熟悉，能正确地画图，能在头脑中分析基本图形的基本元素及其相互关系；②使学生能借助图形来反映并思考客观事物的空间形式和位置关系；③使学生能借助图形来反映并思考用语言或式子所表达的空间形式及位置关系；④使学生能熟练识图，即能从复杂的图形中区分出基本图形，并能分析其中的基本图形和基本元素之间的基本关系；⑤必须为学生创造自主探索与合作交流的氛围。因为以被动听讲和练习为主的教学方式，使学生难以形成空间想象能力。因此，培养学生的空间想象能力需要大量的实践活动，学生要有充分的时间和空间观察、测量、动手操作，并对周围环境和实物产生直接感知，这些都不仅需要自主探索、亲自实践，还离不开大家一起动手、共同参与。观察、操作、归纳、类比、猜想、变换、直观思考等方式对形成空间想象能力有重要的作用，而且空间想象能力在大家共同探讨、合作解决问题的过程中更能够得到发展和提高。

在数学教学中，培养学生的空间想象能力是一个渐进的过程，教师需要进行长期耐心细致的培养。教师不仅要在相关模块的教学中对学生进行这方面能力的培养，而且要在整个数学的教学过程中不失时机地对学生空间想象能力进行培养。

4. 运用数学知识解决实际问题的能力

20世纪中叶以来，现代信息技术的飞速发展，极大地推进了应用数学与数学应用的发展，使得数学渗透到了每一个科学领域及人们生活的方方面面。自然科学的发展越来越依赖数学,而社会科学、人文科学也越来越多地借助数学知识及其思想方法。数学作为科学的语言,作为推动科学向前发展的重要工具,在人类发展史上具有不可替代的作用,并将在未来的社会发展中发挥更大的作用。学习数学,不能仅停留在掌握知识的层面上,而必须学会应用,只有如此,才能使所学的数学富有生命力,才能真正实现数学的价值。在数学教学中,教师培养学生应用所学知识解决实际问题的能力,一方面,是学习数学知识、形成基本技能的必然要求;另一方面,是对获得的知识、技能的综合应用,也是提高学生数学素质的必然要求。

"学数学"和"用数学"之间是有区别的,会学数学的人不一定会用数学。实践证明,教师要想使学生成功地运用数学,除了要使学生掌握较深厚的数学基础知识和对学生进行严格的逻辑推理的训练外,还要培养他们洞察、分析、归纳以及对实际问题的深入理解的能力,使他们具有较广博的知识。这就要求在数学教学中,教师应注意培养学生将实际问题抽象成数学问题的能力以及分析和解决问题的能力。具体地说,教师在教学中应注意以下几点。

(1)注重数学知识的来龙去脉。数学知识的形成,源于实际生活和数学内部的需要。因此,教师要让学生在现实情境、已有的生活、知识经验中体验和理解数学知识。因为,教师只有将数学与现实背景紧密联系在一起,也就是说只有通过数学的途径来进行教学,才能帮助学生获得富有生命力的数学知识,使他们不仅理解这些知识,而且能够合理应用知识。

(2)培养学生应用数学的意识和提高解决问题的能力。数学教学应从学生熟悉的现实情境出发,从具体的问题到抽象的概念,使学生得到抽象化的知识后再把它们应用到新的现实情境中去,通过数学的应用,培养学生应用数学的意识,提高学生解决问题的能力。为此,在教学中,教师应首先让学生经历"问题情境—建立模型—解释—应用与拓展"的过程。另外,教师还要培养学生从数学的角度提出问题和解决问题的能力。再就是在数学教学

171

中，教师要注重数学与其他学科的联系与综合，这是数学教学的一个重要的研究和实践的趋势。

(三) 培养学生良好的思想品质

高中数学是高中重要的学科之一，是学校教育培养人才这一总体工程的重要部件。因此，在数学教学中，教师培养学生具有什么样的思想品德，是由培养人的总体目标所决定的。另外，数学本身的文化价值和认识特点又赋予其丰富的思想教育的内涵。

1. 数学源于现实世界又为现实世界服务

结合对数学在日常生活、生产实践和科学技术中的应用的介绍，教师可以帮助学生树立为振兴中华、建设现代化祖国而学习的决心，学生从而达到学好数学的教育目的。数学内容充满着唯物主义思想和辩证的因素，教师通过向学生介绍数学是由客观世界的需要和条件所决定的种种事实，如通过对各种数学知识的产生史的介绍，不仅可以帮助学生了解数学学科的历史背景和发展全貌，而且可以揭示数学知识与生产实践的联系，渗透"实践第一"的观点。

2. 数学在产生和发展的过程中，充满了大量矛盾的对立统一的事例

教师在教学中联系这些事例，并在辩证法的指导下引导学生对事例进行剖析，既可以使学生接受生动具体的科学世界观的教育，又可以引导学生更好地领会数学知识和掌握数学文化。

3. 数学是一种文化活动，在数学教学中，教师向学生介绍我国和其他国家的数学成就，不仅可以使学生了解数学与文化的联系，而且可以激发学生热爱祖国、热爱科学的热情。数学具有抽象性、严谨性的特点，其要求学生要有严谨的科学态度和实事求是的精神。在数学教学中，教师应注意培养学生勇于进取、勇于探索、勇于创新的科学精神。数学学习需要具有锲而不舍、顽强进取的意志，这对学生的意志、情感等非智力因素的培养有重要的作用。

总之，通过数学的教学过程，教师可以使学生在情感、意志、道德行为、审美情趣、科学精神等方面受到深刻的教育。

二、目标的演变

我们讨论高中数学课程目标，应从数学学科说起。我国是世界文明古国之一，数学教育有着悠久的历史。不过，中国封建社会的数学教育多数是通过家传、师徒相授等方法来进行的，我国出现真正意义上的学校数学课程，还是1911年辛亥革命之后的事。我国数学课程真正得到飞速的发展，则是在1949年中华人民共和国成立之后。此后，我国的高中数学教学大纲，经历了多次重大的变革，从这些变革中，我们可以看到我国数学课程目标在不断更新、不断完善。

（一）高中数学课程目标改革史回顾

1. 第一阶段——全面学习苏联

中华人民共和国成立不久，教育部就着手制定全国统一的数学教学大纲，其指导思想是全面学习苏联，并将原来的课程标准改为教学大纲。1952年，我国以苏联数学教学大纲为基础制定了《中学数学教学大纲（草案）》。1955年，教育部又对这份大纲进行了修订，制定了《中学数学教学大纲（修订草案）》。这两份大纲对教学目的进行了介绍：培养他们应用知识解决各种实际问题的技能和技巧，发展他们的逻辑思维能力和空间想象能力。在数学教学过程中，教师贯彻新民主主义教育的一般任务，形成学生辩证唯物主义的世界观，培养他们的爱国主义以及民族自尊心，锻炼他们的坚强意志和性格。两份大纲的重要意义在于，明确了数学教学应将为社会主义建设服务作为最终目的，强调了数学教学应加强数学基础知识、基本技能的教学和思想品德的教育，同时也改变了1949年前我国数学教育杂乱无章的状态。

那个时期的教学大纲最大的缺点是片面强调以苏联教材为蓝本，过低估计了儿童智力发展水平，把苏联十年制学校的教学内容，安排在我国十二年

173

制的教学中，延长了学习时间，使我国中学数学涉及的知识面缩小、程度降低，不能适应我国社会主义建设的要求。

2. 第二阶段——教育革命

由于受国际数学教育现代化运动的影响，我国在教育界掀起了一场群众性的教育革命。1958年，在中共中央提出的"教育为无产阶级政治服务，教育与生产劳动相结合"的教育方针指引下，教育界高举"破除迷信，解放思想，大破大立"的旗帜，开展了轰轰烈烈的教育改革运动。时值国际上数学教育现代化潮流兴起，在高中数学教育中出现了一种少有的局面——对数学课程的大规模研究。不少数学家、数学教师、大学师生和中小学数学教师对数学教育的目的、任务、内容、体系、大纲和教材如何实现现代化展开了广泛的讨论。在讨论中，人们破除了对苏联数学教学大纲的迷信，指责数学教学内容陈旧落后，脱离政治、脱离实际，提倡打破旧体系，建立数学课程新体系。于是，不少省市或地区自编教材或自编教学大纲的"百家争鸣"的形势出现了。

然而，从各地的实践情况来看，这次教育改革并未获得成功。其主要原因是这次教育改革对学习苏联的数学教学大纲进行了全面否定，削弱了知识的系统性，增加了许多新内容，使学生一时难以接受和消化，而且对学生的基本训练不够，师资准备不充分，从而出现教学水平下降的现象。

3. 第三阶段——改革后的调整、巩固、充实、提高

经过1958年教育改革之后，教育界在中共中央提出的"调整、巩固、充实、提高"的方针指引下，认真总结了全面学习苏联和教育改革时期正反两方面的经验，教育部于1961年和1963年先后制定了《全日制中小学数学教学大纲（草案）》《全日制中学数学教学大纲（草案）》。1961年制定的《全日制中小学数学教学大纲（草案）》指出，使学生既全面又有重点地掌握数学基础知识和基本技能，适当增加在现代科学技术上广泛应用的数学知识，如函数的知识，另外应特别加强概率的介绍。教师注意与高等学校的学

科衔接，如关于极限的概念在高中就应当重点介绍，且贯彻高中和大学的教育中。教师必须反映我国在数学上的优良传统和成就，如勾股定理、祖冲之圆周率、杨辉三角。

1963年制定的《全日制中学数学教学大纲（草案）》中，第一次明确提出了要培养学生正确而迅速的计算能力、逻辑思维能力和空间想象能力的要求。这两份大纲比较切合我国当时的实际，是两份切实可行的大纲，反映了我国20世纪50年代末数学课程广泛的研究成果。从根本上说，它们也是中国数学教育经过三个时期的模仿（先学日本、后学英国和美国、最后学苏联）之后的独立研究成果，它比较全面、比较深入地综合了各家之说，依据我国改革实践，它初步形成了自己的特点和风格。它不仅支配了20世纪60年代前半期的中学数学教育，而且对我国以后历次数学教学大纲的制定和课程目标的确定都产生了深远的影响。

4. 第四阶段——数学发展走向正规

1966—1976年，我国的教育领域受到了很大冲击。这是一段没有教学大纲的数学教育时期，数学课程发展陷入停滞、倒退的局面中。数学教学以及整个教育的发展和学生的知识水平都降低到了1949年以来的最低水平。1978年，按照要用先进的科学知识充实高中教育内容的原则，在对先进国家的数学教学大纲和教材进行分析研究的基础上，教育部制定了《全日制中学数学教学大纲（试行草案）》。该大纲在体系上与1963年的大纲很相似，但也有一些明显的变化。一是在数学教学目的的表述中，它提出"使学生切实学好参加社会主义革命和建设以及学习现代科学技术所必需的数学基础知识"，对"三个能力"的要求由原来的"培养"改成现在的"具有"，虽然只有两字之差，但使中学数学课程的任务明显提高了；二是提出了三条新的确定教学内容的原则，即"精简、增加、渗透"六字方针。据此，它精简了传统的中学数学内容，增加了微积分以及概率统计、逻辑代数等多方面的初步知识，把集合、对应思想渗透到教材中。在体系上，它把精选的代数、几何、三角等内容和微积分组成一门数学课，注意由浅入深、由易到难、循序渐进，符合学生的接受能力和认识过程。它加强了教材的系统性，还明确了数学和物理、化学等学科的联系。

然而，由于我国幅员辽阔，各地经济、文化发展极不平衡，1978年的大纲和教材实际上也出现了一些不适应的现象。由于增加了内容，部分教师出现了对数学学科教学不适应的状况，而且学生负担过重。为了改变这种状况，实现大面积提高数学教学质量的目的，教育部后来又对教学内容进行了多次调整。1983年，教育部颁发了《高中数学教学纲要（草案）》。在此大纲中，其提出了两种教学要求：基本要求与较高要求。在基本要求中，它又区分了必学内容与选学内容，还编写了甲种本和乙种本两种教材。1985年，我国又进一步明确和适当降低了数学教学要求，同时对实现"课程目标"与"具体内容"的教学要求之间的联系给予了更充分的考虑，把各种认知领域的目标分为若干层次，在高中阶段，提出了"了解"或"懂得""理解""能（够）""掌握"四个层次。

5. 第五阶段——义务教育、素质教育的新时期

一方面，随着改革开放的不断深入，国际国内教育理论研究的相互影响不断深入，国际数学教育改革经验的交流日渐广泛和深入，这大大开阔了我们的视野，使我们看到了国际上数学教育发展的趋势；另一方面，国内社会各领域正经历着前所未有的深刻变革，特别是建设有中国特色社会主义理论的提出，使我们对中国具体国情和未来前景有清醒而现实的再认识。在这种背景下，国家在1987年制定了《全日制中学数学教学大纲》。这份大纲的体例与1978年及后来的几份大纲基本相同，但在内容上有以下几点值得注意。一是在课程目标的表述上有两处重大变化，其明确地提出数学基础知识和基本技能，即所谓的"双基"，把"技能"与基础知识提到同样重要的地位，把使学生"具有"三种能力的提法又改为"培养"三种能力，恢复1963年的提法。二是关于课程内容安排的原则，它更强调基础性、可行性和

教育性，放弃1978年大纲选定的混合课程结构，重新分科编排。三是强调在教学中要重视能力培养。四是在教学要求方面提出了两个层次，从而为推行"一纲多本"做好了准备。

这份大纲虽然仍是一种过渡性的大纲，但它在我国数学课程发展中的意义是不容忽视的。它是我国数学课程研究走向成熟的开始，它是总结我国数学教育正反两方面经验与借鉴国外研究成果相结合的产物，它彻底改变了过去强调统一的课程目标的模式。这份大纲在数学教学目的方面实现了由升学教育向素质教育这一根本性的转变，为数学课程改革指出了明确的方向。在内容方面，它强调知识面宽些，难度适当降低些。在要求方面，它也与过去的不同，特别在知识与技能两个方面的要求由低到高分若干层次，统一用语，便于教师操作。与此同时，教育部还支持浙江省针对农村的要求编制了相应的数学教学大纲，也据此编写了相应的数学教材进行实验。

随着教育改革的不断深入，高中数学的教育改革也一直在进行。其主要围绕高中教育的"转轨"问题，即使高中教育从过去片面应付升学考试转向以提高全民素质为目的。一方面调整教学计划；另一方面改革考试制度。1990年，我国发布了调整高中数学教学计划的文件；1991年，又调整了数学课程的教学大纲。与1987年的教学大纲相比，1991年的教学大纲主要突出了"转轨"的指导思想，把提高全民族素质的任务提到了更加明确的位置，对数学教学内容也进行了相应的安排。经过几年的运行之后，我国在1996年又颁布了《全日制普通高级中学数学教学大纲（供试验用）》。这份大纲对数学教学目的的表述是，使学生学好从事社会主义现代化建设和进一步学习所必需的代数、几何的基本知识和概率统计、微积分的初步知识，形成基本技能，进一步培养学生的思维能力、运算能力、空间想象能力，来逐步形成应用数学知识来分析和解决实际问题的能力，进一步培养学生良好的思想品质和辩证唯物主义观点。这个大纲精简了内容，更新了部分知识、讲法和技术手段，增加了灵活性而且重视数学应用。比如，删减了幂函数、指数方程、对数方程、立体几何中的面积与体积计算等内容；增加了简易逻辑、平面向量、空间向量、概率统计、微积分初步等。实行三种不同的要求，高中一、二年级的教学内容和教学要求相同。高中三年级分三种不同的水平，打好分流的基础。

　　2017年的高中数学教育改革相比以往又有一些差异。从结构来看，2017年版的《普通高中数学课程标准》（以下简称《课程标准》），新增了学科核心素养、课程结构、学业质量三个重要的部分，同时《课程标准》还围绕核心素养和教学评价给予了相关案例，帮助高中数学老师在教学实践过程中更好地落实《课程标准》。

　　在2017年版的《课程标准》中，其明确了数学课程的社会功能和教育功能，强调了高中数学课程是义务教育阶段后普通高级中学的主要课程，具有基础性、选择性和发展性。必修课程面向全体学生构建共同基础，而选择性必修课程、选修课程，充分考虑学生的不同成长需求，提供多样性的课程，供学生自主选择。高中数学课程为学生的可持续发展和终身学习创造了条件。

　　可以发现，2017年版的《课程标准》首次提出了数学与其他学科的核心素养的区别，包括数学抽象、逻辑推理、数学建模、直观想象、数学运算、数据分析，并强调数学学科核心素养是数学课程目标的集中体现，是具有数学基本特征的思维品质、关键能力以及情感、态度与价值观的综合体现，是在数学学习和应用的过程中逐步形成和发展的。这些数学核心素养既相互独立，又相互交融，是一个有机整体。

　　（二）对我国高中数学课程目标演变的分析

　　纵观中华人民共和国成立后我国高中数学课程目标所经历的多次重大变革，可以看出，我国数学课程经历了从模仿、移植到独立发展的阶段，形成了比较成熟的大纲，而且建设了符合我国国情的高中数学教材体系。

　　经过多次调整，我国数学课程已进入了更加成熟的发展时期。其指导思想由"适应参加生产劳动和进一步学习的要求"到"提高民族素质，适应社会主义现代化建设和进一步学习的要求"逐步更新。随着社会的进步和教育观念的不断更新，教育目标一次比一次明确，一次比一次充实，有继承、发展、借鉴，也有创新。归根结底，每一时期的目标都反映了当时历史时期的政治、经济对教育的要求，也反映了科学技术对教育的要求。

第三节　创新思维下的数学教学方法创新

当前，中学数学教学在价值观、人才观、学生观、教育观都面临重大的改革，从"以教材为主线，知识为本，教师为主体"的教学方式转变为"以人为本，教师为主导，学生为主体"的教学过程，"以学生的最终发展为目的"的新教育理念普遍被人们所接受。面临改革，作为教师，我们更应该了解当今数学教学改革的发展动态，探索新的教学方法。多年的传统教育具有强大的惯性，新的教学方法是什么？基于什么理念之上？它是对传统教学的简单取代或有效改进，还是彼此共存的有力补充，下面撷取近几年来一线教师开展的部分课题改革的研究成果，我们或许从中能得到有益的启示和答案。

一、探究式教学

传统的教学方法是"以教材为主线，知识为本，教师为主"，所以"教师讲，学生听"便成了既定程序。其结果是教师侧重直接讲授结论，把获得结论作为教学的主要目标，从而掩盖了知识的发现、猜想、探索、论证等活生生的思维过程。

探究式教学（又称研究性学习）就是教师将科学作为探究过程来讲授，让学生像科学家进行科学探究一样，在学科领域或现实生活的情境中，通过发现问题、调查研究、动手操作、表述与交流等探究性活动，获得知识和技能的学习方式和学习过程。

开展探究式教学，不仅是为了适应当前中学课程改革中产生的研究性课程教学的要求，而且更重要的是着力培养学生的创新精神和实践能力，是实施素质教育的需要。因为在探究式教学过程中，学生的学习经历了科学家探究的历程，两者之间只有程度的不同，而过程在本质上是相同的。科学家提出的问题是基于其科学领域已有研究和经验之上的洞察力，而学生的问题来自对周围现象的观察和基于生活经验对现象的理解，学生通过对现象的观察（或通过对教师设置的问题情境的观察），利用实验、调查等各种方法收集数据，从中发现问题，提出问题，进行猜测与假设，分析、论证，构建数学模型，通过合作交流与评估，创造性地解决问题。因此，探究式教学具有更强的问题性、实践性和解决问题性，有利于培养学生的探究能力、科学创新精神和数学思维素质，这也是探究式教学的核心。从建构认知论的角度来看，数学学习是通过学生自主建构来获取知识，这有别于学生仅从外部接受一位教师所给出的数学结论，学生亲身探究并经历了结论形成的整个思维过程，这才是数学课堂教学的真正内涵。

探究式教学的一般步骤如下：①通过组织学生参观、考察或请专家学者写报告等形式，激发学生探究性学习的兴趣；②教师向学生介绍课题内容，为学生提供必要的材料；③学生分组讨论，提出问题，制定解决问题的方案；④实施方案，包括讨论、研究、观察、实验、测量、收集资料、获取数据；⑤探究结论或处理数据，形成成果；⑥小组交流，师生共同进行评价。

探究式教学的组织形式应根据不同的教学内容，采取不同的组织形式。研究性课题一般采用小组讨论的形式进行，即教师提供必要的材料让学生分组讨论（包括提出问题、制定方案、探求结论、小组代表汇报结果等），教师和学生一起对各小组讨论的结果进行评价。"实习作业"型探究性课题，可采用开放式的组织形式，即成立 3~5 人的课题小组，以小组为单位合作进行，可以不受时间和地点的限制，走出课堂或校园并深入生活，给学生足够的时间和空间进行个性发展。我们应特别注意在探究性学习过程中，一定要以学生探索为主，教师点拨、介绍情况为辅。教师的主要任务是提供研究的材料，启发学生探究。

对学生探究性学习的评价，重点应是学生在学习过程中的参与程度、所起的作用、合作能力，同时要突出对学生的创新精神、实践能力的形成与提高方面的评价。评价中允许学生按各自的能力将研究性课题进行到不同的程度，取得不同的成果，只要学生能围绕课题认真进行研究性的学习过程，即使没有得出正确的结论，也应给学生成功的评价。为了激励学生在探究性学习活动中的积极性，学校要建立评价体系，每项课题结束后，学生个人申报等次（一般分为优、良），小组讨论通过，教师记载成绩，并进行评价。对在研究性学习中有独创的学生，教师应给予表扬和鼓励。

总之，在中学数学中开展探究式教学，是 21 世纪将数学教学改革推向深入的一个新举措、新课题，是我们数学教育工作者面临的一个新课题，数学中还有许多问题需要我们思考，需要我们在教学实践中不断探索。

二、开放题教学与开放性教学

数学开放题又称数学开放型题，学术界目前尚未统一定义。数学开放题有两个明显的特征：一是条件开放，即开放题的条件要么是不足，需要进行探索和补充，要么是多余，需要进行多种选择；二是结论开放，即要么没有明确的结论，要么有太多的结论。因此，开放题的含义，应该是条件开放或结论开放的问题。

随着时代的发展，社会对创新人才的培养提出了迫切的要求。自尊、自信、自强，不盲从权威，不迷信书本是这种人才的基本特征。数学开放题的教学有利于激发学生的好奇心和求知欲，为学生形成主动学习的习惯和独立的人格创造了条件。开放题由于其自身的开放性质，不再是方法唯一、答案唯一，这就吸引学生不依赖教师和书本，独立地去探索和发现问题的各种各样的答案，学生由知识的被动接受者转变为知识的主动发现者和探索者，保证了学生的主体地位，从而有利于学生自我意识和独立人格的形成，为培养学生的创造精神奠定了基础。

"开放题——数学教学的新模式"已被立项为全国教育科学"九五"规划重点课题，以戴再平教授为首的部分学者，集中对开放题及其教学进行了研究。戴再平教授认为，开放题教学应注意以下几点：①开放题与封闭题在数学教学中应该并存而不是互相排斥；②开放题所包含的事件应被学生所熟悉，其内容是有趣的，是学生所愿意研究的，是通过学生现有的知识能够解决的可行的问题；③开放题应使学生获得各种水平的解答，这些解答可以是互不相同的；④开放题应该体现学生的主体地位，没有学生的积极参与，不可能对开放题做出解答；⑤对数学开放题来说，获得多种解答固然重要，但更重要的是获得解答的过程。

现在，数学开放题教学研究的发展趋势已走向数学开放性教学。开放题教学与开放性教学相比，开放性教学则更根本。开放题只是一种载体，是实施开放性教学的一种工具，在于使教师学会开放性教学。开放性教学是开放题教学的延伸和拓展。

在日常的教学中，教师应该创设开放的环境，包括物理环境（如时间和空间的开放）和心理环境（如平等、民主、和谐的教学氛围等），选择开放的教学内容（不仅仅是开放题），来培养学生的创新精神和能力。我们的教师如果有这样的观念和意识，那么开放题的教学就真正走向了开放性的教学。目前，研究这种数学开放性教学的人还很少，不过这种开放性教学将成为数学教学方法改革的趋势已是不争的事实。

三、分层递进教学

素质教育要求面向全体学生，实现全体学生的全面发展，分层递进教学是落实这一基本精神的有效途径。分层递进教学,就是针对班内不同学习水平的学生,提出不同的教学目标,创设不同的教学情境,使各层次的学生都能经过努力得到最优发展。它不仅克服了传统教学因教学内容、要求、方法都同步划一带来的种种弊端,而且保证了教师主导作用和学生主体作用的发挥,提高了学生参与教学活动的积极性,使不同层次的学生都能找到自己的主攻方向,制订自己的学习计划、学习进程,学会学习。

分层递进教学以最大程度地挖掘学生潜力,促进全体学生全面发展为目标,着眼学生的个别差异,同时也看到每个学生都有自己的"最近发展区",以发展的眼光看待学生,有效调动全体学生的学习积极性,协调了人际关系,使教学结构发生了根本变化。分层教学的理论依据是主体性教育思想,是对传统教育的继承和超越。从主体性教育角度看,教师的"教"是为了学生的"学",学生为了"学"能够摆脱教师的"教",从而走向独立地、自主地获取知识的自由王国。教师要发展学生的主体性,就要改变传统的师生关系,培养学生运用知识和发现知识的能力,还要改革传统的教学方法和形式,促进教学过程的"个别化""个性化",尊重学生在知识、智能、兴趣和个性等方面客观存在的差异,努力实现"个性化""个别化"与"集体化"的最优组合,来弥补传统课堂教学的单一、呆板和僵化的缺陷。这是主体性教学对现代教学提出的迫切要求,也是分层递进教学可靠的理论依据。分层递进法教学的实施策略如下。

(一)客观地把握学生层次

教师可通过个别谈话、开座谈会、家访等多种形式对学生进行全面调查,并结合学习成绩摸底测试,客观地认定学生目前的发展水平,将学生分为若干等次(一般可分为A、B、C三等),并建立档案,跟踪记录学生的发展情况。

(二)科学地制定教学目标

教师要依据教学大纲深入了解学生实际,在反复钻研教材结构、知识层次的基础上，根据各层次学生的学习水平制定相应的分层教学目标，使其指向每个学生的"最近发展区"。

（三）灵活地选择教学方法

教师要灵活地选择教学方法。例如，A层次学生的知识基础牢固，有较强的学习能力，课堂上可多安排他们自学，教师尽量少讲，重在点拨；B层次的学生对单一的知识点掌握较好，但在复杂、灵活的题目面前束手无策，因此，对他们应侧重思维过程的分析，揭示知识的规律、知识间的内在联系，引导他们多角度、多层次地思考问题；C层次学生由于基础薄弱，知识结构残缺不全，经常出现知识的负迁移，对当前学习造成很大影响，对他们一方面要做好知识的铺垫；另一方面要讲清知识要点，使其正确理解基础知识，掌握基本技能，同时还要注意对其进行学习方法的指导。

（四）教学中实行"统分结合"的原则

新课开始时，教师要指出各层次学生应掌握知识要点和能力方面的要求，使每一个学生明确自己的主攻目标，把主要精力放在适合自己水平的那部分内容的学习上。教师在"统一教学"中主攻重点目标，侧重教学内容的分层，将每节课的内容按深度和广度分解成若干个由低到高，且梯度较小的问题，对一些简单、基本的问题多让B、C层次学生回答，对一些复杂、灵活性强的问题多让A层次学生思考。在"分别教学"中，教师侧重教学对象的分层，在学生自由支配的时间里，通过个别教学、小组辅导、分层练习，必做与选做结合，分别达到各自的目标，并定期进行梯度测试，学生问卷不同题，鼓励学生在完成各自目标的同时，努力完成高一层次的练习，给学生充分展示才能的机会。每次测试后，各组成员进行适当调整，形成一种能使各层次学生不断进步的机制。

综上所述，分层递进教学作为一种教学形式，体现了现代社会对教育的基本要求，是对传统班级授课制的一种改革。目前，这种教学的理论与实践还处于实验阶段，需要在今后的教学工作中不断补充和完善。

四、CAI——计算机辅助教学

当前的中学数学教学中,一方面教材体系中的教学知识往往是以一种简约化的演绎形式直接显现在学生面前,因而难以再现前人知识探索的过程;另一方面传统的教学方法又制约了学生探索性思维的开展。对学生来讲,数学学习意味的往往是被动地接受知识以及大量的解题,前人探索数学规律时那种发现与创造的活生生思维过程,学生无法亲身体验。因此,在大力倡导培养学生创新精神和实践能力的今天,我们应当思考如何突破传统教学方法的限制,将静态的学习过程呈现动态的信息,还学生一个生动、具体、奇妙的数学世界,让学生在探索中学习数学、增长知识、提高能力。

随着教育现代化进程的不断推进,电脑和数学教学软件正像"黑板、粉笔"一样走进数学教学之中,课堂教学将来会是"教材、教师、学生、媒体"组成的四元空间。例如,电脑目前所起的作用已不再是普通意义上的辅助教师讲课的"教具",而是师生共同探索数学问题的"学具",在"解决问题—发展问题—提出新问题—再解决新问题"的探索过程中,它是师生大脑的一种延伸,电脑与数学教学的"联姻"为我们的数学教学开辟了一条广阔的道路。因为电脑实时交互的特点,所以当电脑介入数学教学时,学生就可以通过自身的操作活动和主动参与,体验到前人探索数学规律时所体验的创造情感。对学生而言,数学知识完全是通过他们自身的情感体验获得的,这样一种学习的乐趣并不是教师给予的,而是伴随着学生学习的过程而产生的。

CAI 辅助教学在数学教学中有许多明显的优点,但它仍是教学的辅助手段,不可能完全代替教师的教学。在运用 CAI 教学中,教师必须贯彻"以人为本"的教学理念,要从学生认知需要的角度出发,把学生作为学习的主体来设计教学、组织教学,充分调动学生动手、动脑的学习兴趣。否则,电脑的介入仅是换一种方式展示教材内容,那么时髦的 CAI 只能是把原来的以教师为主体的"教师灌"变成以电脑为主体的"电脑灌"而已。我们决不能全盘否定传统教学手段的长处,而将 CAI 的功能过分夸大,也不能将 CAI 完全排斥于课堂教学之外。我们正确的做法是用 CAI 来弥补传统教学手段的不足,使 CAI 与教科书、与教师的讲解相结合,使"视""听""思"相辅相成,只有这样,传统教学方法才能适应数学创新教育的需要,才能最大限度地调动学生的学习积极性。

第四节 创新思维下的数学解题教学探究

一、问题解决对数学的意义

(一)问题解决教学的重要性

目前,国际数学教育界普遍认为,问题解决应作为一种重要的数学教学活动,这种观点主要有两方面的依据。第一,问题和问题解决是学习数学的重要组成部分,我们可以把问题解决作为一种基本的数学活动,而其他的一些数学活动,如概括、抽象、理论构建和概念形成都可以建立在问题解决的基础之上。我们的数学问题,可以来自实际的各个方面,从日常生活中的数值计算到工业生产中的实际问题,从各种神秘的魔术、游戏到高精尖领域的实际问题,通过这些问题的研究可以发挥和施展数学的魔力,可以引出重要的数学概念及重要的数学思想和方法,可以发现数学结论,促成理论的形成。因此,通过问题解决的教学活动,不仅可以传授数学知识,而且可以引发学生学习数学的兴趣,改变学生对数学的态度,使学生对数学产生极高的兴趣。第二,教学生解决问题能很好地培养学生的思维方法和分析问题、解决问题的能力,从而提高学生在各种场合进行决策判断和应变的能力。我们的学生最终都要走向社会,今后他们所面临的新情况、新问题恐怕更多的是非数学领域的,因而要在缺乏现成模式可以套用的情况下寻求问题解决的方法,这就要求学生学会理性地思考和有目的地思考,包括弄清楚要解决的问题,收集能解决问题的信息。

分析所得信息,提出预期的结果,评价预期的结果。教师教数学历来有一个目的,就是要教会学生理性地思考和有目的地思考。由于在解决数学问题的过程中,辩证思维和逻辑思维能充分体现,分析、推理、否定以及演绎、归纳、类比等重要的思维方法能充分展现,猜想和逻辑证明能充分兼顾,收集信息、分析信息、在现有知识之上做出推断等问题解决的重要阶段能反复经历,因此通过问题解决的教学可以从多侧面给学生提供问题解决的手段、背景,以及思维方式,从而有利于对学生解决问题的能力的培养,而这种能力在个体中的正迁移作用,正是数学问题解决教学的最后归宿。

(二) 关于问题解决的研究成果对教学的意义

问题解决的重要性得到了中外数学教育界的普遍重视,因此问题解决作为一个研究课题,已经引起了众多研究群体的浓厚兴趣,人们就问题解决所发表的意见、观点、研究结果足以填满厚厚的几大卷书。然而,纵观这些研究,我们不难发现,有不少研究所进行的研究和所关注的问题似乎与课堂教学相距甚远,这样的研究对教学的直接指导意义似乎并不明显。当然,在众多的研究中,也有不少人对问题解决的课堂教学问题进行了研究。研究者的研究兴趣是如此广泛以致许多教师对此感觉到了问题。如何从为数众多的研究中汲取对数学教学最为有用的东西,我们下面从人们对问题解决的能力及其培养这个教学中的中心问题的研究做些介绍。

1. 成功的问题解决者的重要特征

过去几十年,人们对问题解决的研究,使人们对成功的问题解决者的许多特征有更多的了解,并得出了许多有益的结论。具体地说,具有下面几点:学生在问题解决中的成功受他们的认知发展、学习数学的经验以及对数学的态度等方面的影响;成功的问题解决者有许多共同的特征,但他们探讨

187

问题的手段、方法、风格可能有所不同；通过接受适当的指导，特别是在问题解决过程中遵循波利亚的问题解决"四阶段"原则（理解问题，拟定计划，实施计划，回顾解答），学生解决问题的效率会有明显的提高。

关于问题解决的能力同其他认知能力（如空间认识能力）的关系，学术界曾有不少的研究，但这方面的研究所获得的确定结论很少。一般认为，问题解决能力并不是一种单一的个体特征或品质，不同种类的问题往往需要有不同能力的综合运用才能解决，如计算能力似乎与低年级学生的问题解决能力有较强的联系，而对高年级学生，这种联系则不明显。

成功的问题解决者的特征是随着研究方法的改进而不断被揭示的，特别是通过把成功的问题解决者与不成功的问题解决者的行为、思维过程和解题策略进行比较，已经得出了一些颇具启发意义的结果。就行为表现而言，成功的问题解决者与不成功的问题解决者有着明显的差异。不成功的问题解决者花在理解问题上的时间很少，往往凭很少的线索，如感觉、印象、猜测来选择答案或解法；相反，成功的问题解决者在理解问题时表现得积极主动，他们会仔细地理解问题，然后抓住关键的意思，得出有用的解题信息。实际上，成功的问题解决者有两种突出的表现：一是仔细准确地理解问题，当意思不清时会立刻回到原问题上来，重新检查、复习、阅读，以确保没有误解或疏漏问题；二是使用一步接一步的程序接近或探讨问题的解答。思维过程的特点是最能区别成功的问题解决者与不成功的问题解决者的能力强弱的特征，近些年这方面的研究较多，研究成果最突出的当属俄罗斯的克鲁特茨基（Crutsky）。研究发现，成功者与失败者在思维过程中的主要差别在于两者对问题中的重要因素的了解、识别和洞察的能力。具体地说，成功者往往表现出四种能力：①能抓住问题中的关键意思或思想，提出有用的解题信息，并最终抛弃无用的解题信息。②能迅速准确地看出问题的数学结构。事实上，成功者具有克鲁特茨基所说的"数学大脑构架"，一种根据自己对客观世界的直接或间接的认识而接受或利用数学结构的倾向。③能通过对广泛的一系列问题的分析能力,将问题的解答方法一般化、模式化。④能长时间地记住问题的数学结构。

研究者发现,上述这些能力往往是成功者在求解问题时表现出的共同特征,但在解题过程中,这些成功者的个人风格仍存在较大差别。有些侧重利用符号规划或符号代码思考问题;有些则侧重借助图形思考问题,在解题过程中,更倾向使用自己得心应手的思考方法。成功者与不成功者显著区别的另一重要特征:成功者使用的问题解决策略要比一般的问题解决者使用的策略更广泛。

一般说来,成功者会积极自觉地使用各种各样的启发式方法和步骤,来探讨解决问题的办法、对策及一切有帮助的信息。这些启发式方法和步骤构成了有价值的问题解决策略,我们下面对四种典型的启发式方法和步骤进行介绍。

(1)目标定向计划,确定问题的目标:如果终极目标还不能直接达到,再确定中间目标;制订解题计划,这中间可能要综合使用其他一些方法,如试误的方法、列表的方法、寻求模式的方法。

(2)寻找合适的模式:当遇到新问题时,辨别它属于哪一类先前见过或解决过的问题,联想一些基本模式,并以此为线索,从记忆中提取相应的方法来分析、解决问题。

(3)映射化归:把遇到的新问题通过映射化归为一个等价的会解决的或更容易求解的问题,从而找到解决问题的方法。这一策略也被称为关系映射反演(relationship mapping inversing,RMI)原则,它是对多种解题方法的高度概括。例如,中学数学中常用的取对数计算法、换元法、引进坐标系法、设计数学模型法、构造发生式函数法等具体的解题方法都体现了这一策略。

(4)回顾、评价:当问题的解答或解答方法已经找到或已经做出时,人们会对该解答或解答方法进行回顾、评价,或者将解答进行简化和优化,或者寻找别的解决方法,或者利用所得结果和方法提出新的问题,供进一步探讨。

在实际的解题过程中，成功者能将这些基本的策略通过各种各样有意义的组合，并利用丰富的数学知识，形成不同的解题方法和技巧。不成功者的策略意识很薄弱，往往只凭自己暗记的条条框框思考问题，凭很少的线索如感觉、印象或猜测选择解法、答案。他们对解数学问题的目的和作用存在一种狭窄的片面的认识，认为解决数学问题的唯一目的就只是获得正确答案，而且每个问题只有唯一一种恰当的方法求得答案，因而获得解答或答案以后，几乎没有对问题或解答进行进一步研究的意识。

2. 成功的问题解决者的能力培养

成功的问题解决者的能力培养问题是问题解决教学的核心问题，上述关于成功的问题解决者的特征为我们探讨这个问题提供了有益的启示。集中来看，学生思考数学问题的深度和质量，对待问题解决的态度和兴趣应是促进学生问题解决能力提高的两个重要因素。那么，教师能做些什么来影响这两个因素呢？笔者下面准备从数学角度就这个问题提一些原则性的建议。

以身示范，展示问题解决的良好行为。教师在问题解决方面的行为对学生有一种潜移默化的作用，学生需要看看他们的老师是如何提出问题、如何理解问题、如何思考问题的，如何积极地使用有效的策略寻求求解方法，又是如何由刚得到的解答或解决过的问题提出新的问题的。作为一种示范作用，一种榜样的力量，教师传达出来且深深影响学生的是教师对问题解决的价值观和态度，而这又是通过教师自己在问题解决中的良好的行为表现来实现的。

因此，教师必须把问题解决视为一项重要的教学活动并参与其中，他们必须是学生数学探索活动中出现的一位热心者，并表现出好奇心和热情。教师有时必须扮演问题解决者的角色，有时必须是一个持怀疑态度的引导者，引导学生而不是直接告诉学生如何解决问题，而有时又必须充当一位热心的鼓励者，尊重并接受学生的思路和独创性，这些都需要教师以最富艺术性的方法表现出来。

言传身教，即教师传授问题解决的某些基本技能给学生。现有的研究表明，问题解决的某些基本技能是有效的问题解决策略得以建立的基础，也是提高问题解决能力的关键因素。教师认真地传授这些技能，并在实践中经常地应用，不断地巩固、加强，尽可能将其条理化、组织化，使之成为学生机械化的东西，是提高学生问题解决能力的重要途径。

问题解决的基本技能具有不同的层次。波利亚在他的名著《怎样解题》中提出的解题思想，特别是他的解题"四阶段"原则，应该成为师生解题及其教学的行为准则，我们不妨称其为准则性技能。教师应该向学生讲授这些准则，并把它们融入师生问题解决的行为中。启发式的方法，如根据题意画出图形或示意图，合理估计、猜想、验证、试误、制订计划、寻找模式、目标递归、回顾评价、提出新的问题，都可以称为策略性技能，应在教学中认真地向学生介绍、讲解，经常反复地使用，而列方程、套公式、消元、换元、待定系数、反证法、坐标法、构造法、递推法、数学归纳法、配方法等则是工具性技能，应该直接教会学生并让他们熟练掌握这些基本技能。此外，教师还需要教会学生阅读数学问题的技能，数学中的阅读不同于普通文体的阅读，这是因为数学语言与自然语言相比有一定的差异，数学语言有一套特定的术语、符号，表现出简洁、精练。学生通常对数学问题的阅读需要多次重复，并注意关键的词语和有关的变量关系，有时还需要借助自然语言或图示说明进行题意的翻译、转换，才能很好地理解题意，这些阅读技能对学生的问题解决也是有重要意义的。

精心组织，创造问题解决的良好课堂环境。我们应该认识到，学生问题解决能力的某些方面并不是靠教师的直接传授，而是通过学生与问题打交道的过程，通过学生在课堂上就问题解决同教师和同学间的相互作用而逐步发展起来的。实际上，学生对数学问题的重要因素的认识或洞察力，对目标定向计划的创造能力乃至一般的使用解题策略的能力都是需要在问题解决过程中通过上述方式逐步进行培养的。实践表明，这些能力不可能靠教师直接传

191

授获得，相反，必须在问题解决过程中，随着学生对自己或他人的思维过程、思维方法的认识而逐渐发展起来。教师在这个过程中所要做的就是为学生提供一种适宜的课堂环境：一种有利于学生认识自己或他人的思维过程、思维方法的环境；一种能充分发挥学生解决问题的创造能力的环境。这要求教师要精心组织问题解决的教学，用鼓励性的语言让学生保持好奇心、探索的主动性和质疑精神，用启发性的语言激起学生的求知欲和创造的动机。同时，设计好恰当的问题，交替训练学生的正向思维和多向思维，鼓励学生直觉思维和逻辑思维并用，让学生施展创造的才能。

二、问题解决教学的准则

研究表明，当教师有意识地让学生既了解一般的问题解决准则，又熟悉一些具体的问题解决的技能，同时创造机会让他们练习使用这些准则和技能时，学生解决数学问题的能力会得到大大提高。然而，来自中学数学课堂教学的调查显示，不少课堂教学花在讨论解题方法上的时间在解题教学中所占的时间很少，花在讨论学生解答结果上的时间更少。因此，从调查结果看，不少课堂教学对一般的问题解决的准则，强调贯彻得不够。因此，怎么改变这种现状，是一个值得认真研究和解决的问题。

下面，我们将介绍、讨论并举例说明如何运用问题解决教学的准则，在教学中，教师对这些准则承担着双重的任务。一方面，他应该运用这些准则帮助学生解决问题；另一方面，他还应当使学生明确地了解这些准则，并帮助他们把这些准则融入具体问题解决的行为中。

（一）查明学生理解问题

学生对问题不理解就很难保持对问题的兴趣，一般而言，人们是不会对自己一窍不通的学科感兴趣的。例如，对音乐创作理论一无所知的人大概不会有兴趣分析交响乐，同样，对橄榄球比赛知之甚少的人，如果没有培养欣赏比赛的兴趣，也是不太可能去关心橄榄球运动的。

类似，学生如果没有理解摆在他面前的问题，那么这个问题就很可能不表现为一个问题。学生必须对问题有足够的理解，以至觉得问题的解答在他们的能力范围之内，只有在那时，它才表现为学生的问题。实际上，在学生看来，问题的解答超出了他们的能力水平，那么，他们就很可能没有信心去追求问题的解答了。

学生有时对实际上有能力解答的问题，也会感到其超出了他们的能力范围。在这种情况下，教师就有责任使学生认清在什么情况下问题的解答是自己力所能及的，在学生认识到自己有能力解答某个问题以后，还有一件重要的事就是要弄明白问题的所求是什么。下述问题可以作为完成上述教学任务的指导方针。

1. 学生是否理解问题中的术语的确切含义

比如，学生遇到下列问题：已知等边三角形的中线长为一个单位，试用直尺和圆规画此等边三角形。要理解这个问题，学生首先必须拥有等边三角形及三角形的中线等方面的知识。

2. 学生是否考虑了所有有意义的信息

认出问题中的已知信息对探索和导出有意义的知识至关重要。许多学生不能解决问题，是因为他们不能确定或找出问题的已知条件，没有用到所有的已知信息（他们或许已经得到了一部分信息）。学生如果忽视了某些已知条件，就可能漏掉了解题必不可少的信息。例如，假设要求学生确定顺次连接等腰梯形各边中点所得四边形的性质。学生如果忽视了"梯形是等腰的"这个事实，那么他们的分析只能引导他们得出该四边形为平行四边形的结论。这个结论尽管是正确的，但它不是问题的完整答案。学生如果考虑了"梯形是等腰的"这个已知条件，那么他们的分析将使他们发现四边形不仅是平行四边形，而且是一个菱形。

3. 学生能否说明问题的所求

学生能理解问题的证据，就是他们能确认问题答案的性质。答案是一个数还是一个集合的元素？或是求作图形？答案可以由图像、方程式或某些别的数学对象构成。所以，重要的是学生在阅读完问题后，再认识其答案的性质。认识答案的性质，还能为学生构思解题策略提供方向。例如，考虑下述所谓的抽屉的状态问题：设想1000个关闭着的抽屉排成一列，另外有1000个人站成一排，现在假设第一个人把每一个抽屉都打开，第二个人每隔一个把抽屉关上（从第二个抽屉开始关），第三个人每隔两个改变抽屉的状态（如果它开着，就把它关上，如果它关着，就把它打开），第四个人每隔三个变化抽屉的状态，这个过程继续下去，直到这1000个人全部完成了对抽屉状态的操作。问哪些抽屉最后开着？

这个问题的答案是由抽屉编号构成的集合。学生如果理解这点，那么他们可能会使用的一种策略就是去找出这个集合的元素，由此就有希望找到一个模式，使他们能据此预测其他元素。

一般而言，当问题答案构成一个集合时，一种很有用的策略是设法产生或找出这个集合的一些元素，并通过这些元素产生得到其余元素的预感或线索。

我们尽管知道问题答案的性质，也未必能保证找到可行的策略。有些问题通过认识答案的性质，确实能降低解答的难度。教师应该鼓励学生去确定构成答案的数学实体的种类，并鼓励他们尝试猜想怎样才能产生这个数学实体。

4. 学生能否用自己的语言叙述这个问题

如果适合的话，学生能利用草图解释这个问题吗？学生如果能显示他们知道问题中涉及的所有术语含义，并能找出已知的信息，能确定答案的性质，还能用自己的语言叙述问题，那么教师就有切实的把握认为，学生理解了问题。

（二）帮助学生搜集有意义的思维材料

为了解决问题，解题者有必要找出对解决问题有关的信息。不成功的问题通常是由于没有从已知条件中导出足够的信息所致。实际上，解题者不仅需要确定哪些是题目中已知的，而且需要弄清楚已知条件暗示了什么，即由已知的信息（有时也包括有假定的答案或解答）推出的关系，找出这些关系，是获得有意义的解题材料的方法之一。另一种方法是考虑较为简单的而又与给定问题有关的问题，这些问题也许是把题中的某些而不是全部的条件考虑进去了。有意义的信息也可以通过认识或找到类似而又有成功解决方法的问题来获得。解题者在寻找答案过程中受阻，有时是因为他们坚持从有限的角度收集有关的信息，只从很狭窄的角度收集有关的解题材料，在这种情况下，解题者就需要"打破框框"寻找有用信息的新来源。我们下面进一步讨论并举例说明这些技能。

1. 通过分析已知条件来帮助学生收集信息

一旦所有的已知条件都被确定，教师就要鼓励学生由已知条件尽量导出一些有关信息，这是非常重要的，即使可能有些导出的信息看上去对问题的解决没有用，也应当导出这些信息。教师也许知道哪些信息是有用的，哪些信息是无用的，但对设法解决问题的学生，有必要这样收集信息，然后再去决定哪些信息对解题最有用，所以学生需要训练如何获取信息，如何从中确定最有用的知识和信息。

教师如果劝阻学生不要去导出那些教师已知道对解答无用的信息，那么至少会产生三种不利的后果。第一，学生在获得信息方面不够大胆，但为了得到奖赏，他就猜测教师会怎么想；第二，不利于学生自己决定哪些信息是无用的；第三，可能会因此压抑那些具有独特潜力和洞察力的学生的思维发展。

例如，对求画等边三角形这个问题，我们确定它的已知条件能导出什么推论。已知条件是什么呢？题目给我们的是：等边三角形的中线，用直尺和圆规画出等边三角形。那么对等边三角形的中线，我们知道些什么呢？首先，任意三角形的中线平分与它相交的边；其次，任何三角形三条中线都交

195

于一点，这一点将每一中线分成2∶1两部分。我们进一步还可知等边三角形的三条中线满足下述这些条件：①每条中线都垂直于与它相交的边；②每条中线都是角平分线；③三条中线分别相等；④同时，我们知道，等边三角形三边相等、三角相等，所以，每一个角都是60°。

2. 通过分析类似的问题帮助获取信息

有时，解答某一问题所使用的分析方法能充当分析另一问题的基础。有些问题十分相似以致用这个方法完全可行。问题是具有一定的障碍性的，学生想解决是不容易的，其要求学生不仅要有敏锐的洞察力，还要有坚忍不拔的精神。对一时难以解决的问题，换一个角度思考，也许能够丰富自己的思维内容，找到成功的解法，甚至捷径，有些问题往往需要冗长的推导和复杂的计算，解题思路很不简单。学生对这样的问题在找到更巧妙的解法之前，不应随意放弃已找到的解法。

（三）为学生营造一个有利于解题的氛围

学生要理解问题，帮助学生获取所有有关信息，并不能保证学生就能解答问题，问题的解决需要有一定程度的洞察力，这种洞察力必须经过智力上的训练才能获得，教师不可能提供这种洞察力，而只能提供一种有利于学生将自己的创造力专注于解题的氛围。教师指出学生解题的思路可行，并给足他们研究问题的时间以此可以鼓励和激发他们努力解题。教师如果自己认识到问题的障碍性，并做到了不因学生采用无效方法而使他们处于不利境地，那么教师就可能会以正面的方式来鼓励学生，比如可以说"那是一个好的开头，继续下去""那样也许可行，试试看""我也曾被这个问题难住，你要花时间好好考虑"。教师还要时常给学生提示或建议，特别需要给那些因实施不奏效的解题思路而受挫折和沮丧的学生。学生由于受挫而放弃解决问题，无论是他们的自我概念还是他们的数学态度都将受到损害，学生无论在数学上还是在心理承受能力上都还不成熟，那种时刻最容易使其丧失信心。当然，还有必要提醒一下，教师在给学生提示时必须小心行事，避免打击那些初看起来显得无效但实际上颇具洞察力的解题思路。先形成猜想，再验证猜想，这已被证明是一种行之有效的问题解决策略。教师应该帮助学生，简洁明白地提出猜想，然后再验证猜想，还应该鼓励学生大胆去猜想，然后对猜想加以验证、否定或修正，这种活动常在数学家和数学教师解决问题时使用。遗憾的是，教师常把自己最初解决问题时的一次次失败以及一次次走进死胡同的结局隐藏起来，不让学生知道。总是给学生这样一种印象，教师解题时所具有的行为是完全演绎式的。这样长期下去会误导学生，使他们在解决问题时感到气馁。其实应该使学生认识到，教师使用问题解决的准则和方法以及探寻过程，同鼓励他们使用的问题解决准则和方法以及探寻过程是一样的。

教师鼓励学生提出猜想、验证猜想常常能使学生发现问题的多种解法，这能为教师提供以实例说明数学潜在动力的机会，由此可以减轻一部分学生的心理压力，因为这些学生常以为自己必定能找到正确的解题方法。从问题定义的另一面看，要想使寻找解决问题的方法真正成为学生个人解决问题的方法，还需要学生有解答问题的兴趣，在问题解决教学中，教师应能利用这一点。教师帮助学生理解问题，使学生获取有价值的思维素材及给学生适当鼓励和足够的时间，等待学生产生自己的解题方法。

参考文献

一、专著

[1] 蔡小雄. 更高更妙的高中数学思想与方法 [M]. 第5版. 杭州：浙江大学出版社，2013.

[2] 高博. 中学综合实践活动中小组合作学习的研究 [M]. 北京：中国文联出版社，2014.

[3] 舍恩伯格，库克耶. 与大数据同行 [M]. 上海：华东师范大学出版社，2015.

[4] 施良芳，崔允漷. 教学理论：课堂教学的原理、策略与研究 [M]. 上海：华东师范大学出版社，1999.

[5] 舒尔茨. 现代心理学史 [M]. 北京：人民教育出版社，2004.

[6] 苏泽. 教育与脑神经科学 [M]. 上海：华东师范大学出版社，2011.

[7] 韦杰，凯勒. 教学设计原理 [M]. 第五版. 上海：华东师范大学出版社，2005.

[8] 严士健，王尚志. 普通高中课程标准实验教科书·数学：必修1 [M]. 北京：北京师范大学出版社，2011.

[9] 张奠宙，宋乃庆. 数学教育概论 [M]. 北京：高等教育出版社，2004

［10］中华人民共和国教育部. 普通高中数学课程标准［M］. 北京：人民教育出版社，2003.

二、期刊

［1］刘小丹. 浅谈高中数学教学的创新教育［J］. 教学研究，2010，33（1）.

［2］邵祝会. 初中数学高效课堂教学方法的实践与探索［J］. 数学教育报，2014，4（2）.

［3］苏兴中. 新课程改革背景下高中数学教学存在的问题及思考［J］. 教育观察，2017，11（18）.

［4］吴依萍. 新课程改革背景下高中历史教学观念的转变［J］. 学周刊，2013，9（26）.

［5］杨慧. 在高中数学教学中进行创新教育的探讨［J］. 新乡教育学院学报，2006，19（3）.

［6］杨兴. 新课程改革背景下高中数学教育教学观念的转变路径探析［J］. 西部素质教育，2016，12（5）.

［7］郑帅. 高中数学高效课堂［J］. 教育现代化，2018，5（2）.

三、论文

［1］孟祖国. 高中数列的有效教学研究［D］. 武汉：华中师范大学，2011.

［2］隋婷婷. 新课程下高中函数教学改革的个案研究［D］. 长春：东北师范大学，2007.

［3］孙文晋. 导学案教学在高中数学中的实践与思考［D］. 开封：河南大学，2014.

［4］文培峰. 基于建构主义理论的导学探究式教学法在高中数学课堂教

学中的实验研究［D］.南昌：江西师范大学，2005.

［5］许小彦.高中函数教学设计的理论与实验研究［D］.兰州：西北师范大学，2009.

［6］叶琳.高中学生数学解题能力培养研究［D］.宁波：宁波大学，2014.

［7］张琛.有效数学课堂的"学案导学"教学模式研究［D］.福州：福建师范大学，2014.

［8］赵煜政.高中数学导学案中"导"的教学实践与研究［D］.呼和浩特：内蒙古师范大学，2014.